Dieses sowie noch viele weitere Bücher

für die Kinder- und Jugendarbeit können unter

www.gruppenstunden-shop.de

bestellt werden!

W0179591

Die nachfolgenden Texte und Bilder stammen aus "Grik.de - Ideen für die Kinder- und Jugendarbeit"
unter www.grik.de

Herausgeber: Mehlersoft (Christian Mehler) als Verantwortlicher für www.grik.de
Herstellung und Verlag: Books on Demand GmbH, Norderstedt
Autoren: Zahlreiche Mitarbeiter aus dem Bereich der Kinder- und Jugendarbeit
Layout: Mehlersoft (Christian Mehler) - www.mehlersoft.com
1. Auflage: März 2008 - 2.500 Stück (Booklet)
2. Auflage: September 2010 (Buch)

Inhaltsverzeichnis

Allerlei

Was ist der Quick-Jump?
Der Quick-Jump ist eine eindeutige Kennung für jeden Artikel. Durch Eingabe des Quick-Jumps in der rechten Spalte im Grik unter www.grik.de kannst Du direkt zu dem jeweiligen Artikel gelangen, um Fragen zur Beschreibung zu stellen, Deine eigene Variation des Inhalts vorzustellen oder auch um Tipps und Anmerkungen hinzuzufügen.

ALLGEMEIN
WAS DU WISSEN SOLLTEST!

Die Erwartungen an Dich als Jugendleiter, Betreuer, Teamer, oder wie man Dich auch immer bezeichnen möge, sind in der Kinder- und Jugendarbeit vielfältig: Sei immer zuverlässig, einsatzfreudig, verantwortungsbewusst, fexibel, locker, vorbereitet, konsequent, humorvoll, belastbar, kommunikativ, kinderfreundlich, gut ausgebildet, kreativ, kritikfähig, ...

So solltest Du sein - aber so kann man nicht sein. Eine gute Mischung aus allen diesen Eigenschaften muss genügen. Daher wird es auch bei Deiner Arbeit mit Kindern und Jugendlichen immer wieder Probleme und Lücken geben, die Du nicht sofort schließen kannst. Wichtig sind dabei allerdings zwei Sachen: "Habe immer Freude daran, was Du machst!" und "Sei verantwortungsbewusst!". Solange Du diese zwei Punkte immer erfüllst, wird Dir niemand so schnell etwas Böses können und wollen.

Und genau in den Problemen und Lücken Deiner Kinder- und Jugendarbeit setzt diesea blaue, schlaue Buch an. Bei der Festlegung der Grundgedanken zu diesem Buch haben wir uns aktiv gegen rein pädagogische Inhalte ausgesprochen. Aber eine ganze Menge an pädagogischen Hinweisen finden sich in diesem Buch bei fast jedem Beitrag. Dieses Buch ist somit auf die Praxis ausgerichtet und soll für Dich der Wegbereiter einer problemlosen und begeisterten Kinder- und Jugendarbeit sein. Es stellt zudem die Auswahl der am meisten aufgerufen, best bewertetsten und von Grikianern ausgesuchte Artikel im Sinne von "ausprobiert und für gut empfunden" aus "Grik. de - Ideen für die Kinder- und Jugendarbeit" unter www.grik.de dar. Dieses Buch ist somit ein Querschnitt durch die deutschsprachige Kinder- und Jugendarbeit.

Bei jedem Beitrag findet man einen "Quick-Jump", diesen kannst Du unter www.grik.de eingeben, bekommt so noch Kommentare zu dem jeweiligen Beitrag angezeigt, kannst selbst Fragen stellen und eigene Variationen vorstellen.

Wörterbuch für Jugendleiter

von verschiedenen Autoren

Dieses Wörterbuch für Jugendleiter erklärt häufig vorkommende Begriffe aus der Kinder-und Jugendarbeit. Es erhebt keinen Anspruch auf Vollständigkeit. Die Begriffe sind von Jugendleitern für Jugendleiter erklärt - einigen Humor solltest Du zum Verstehen einiger Begriffe daher mitbringen. Solltest Du weitere Begriffe kennen, die hier fehlen, so kannst Du diese an das Ende dieses Wörterbuches schreiben und auch unter dem obigen Quick-Jump unter www.gruppenstunden-ideen.de veröffentlichen.

A

Abenteuerspielplatz, Aktivspielplatz
Bietet offene Kinder- und Jugendarbeit und Freizeiten an, oft hauptamtlich geleitet, mit Unterstützung von ehrenamtlichen Mitarbeitern. Es gibt aber auch ganz ehrenamtlich geführte Einrichtungen. Die Angebote eines ~ umfassen beispielsweise offener Treffpunkt, Hütten bauen, Feuer machen, Werken, Elemente erleben, Kleintierhaltung (-> Jugendfarm), etc.

Aufsichtspflicht
Gibt vor inwieweit man einen Teilnehmer überwachen muss oder ihm seine Freiheit gewähren lassen kann.

Ausflug
Aktivität, bei der man mit den Kindern außerhalb des Vereinsheimes bzw. regelmäßigen Treffpunktes etwas unternimmt.

B

Basteltante
Bezeichnung für einen ->Betreuer, die sich überwiegend mit der kreativen Gestaltung der Freizeit beschäftigt.

Belehrung
Informiert die ->Teilnehmer oder ->Betreuer darüber, was sie tun oder lassen sollen.

Betreuer
->Teamer

Briefing
Besprechung vor einer Aktion, um die ->Teamer darauf vozubereiten.

C

D

Disco (Lager-)
Aktion, bei der die Kinder regelmäßig ausflippen.

E

Einstand
Begrüßung neuer ->Teamer durch Stellen verschiedener kniffliger bzw. peinlicher Aufgaben.

F

Feedback
~ sollte täglich während einer ->Freizeit eingefordert werden, zumindest am Ende jeder Aktion.

Ferienlager
~ ist eine verbreitete Bezeichnung für Freizeiten mit Kindern und Jugendlichen in den Ferien.

Freizeit
~ ist ein deutsches Synonym für ->Lager.

Frühsport
~ ist eine Möglichkeit die Kinder noch vor dem Frühstück richtig wach zu bekommen.

G

Grik.de - Ideen für die Kinder- und Jugendarbeit
Plattform für alle Arten der Kinder-, Jugend- und Erwachsenenarbeit, www.grik.de

Grulei
Gruppenleiter

Gruppenstunden-Shop
Verkaufsplattform des ->Gruppenstunden-Ideen-Katalogs mit Büchern, Spielen und weiteren Materialien rund um die Kinder-, Jugend- und Erwachsenenarbeit. www.gruppenstunden-shop.de

H

Hausordnung
Eine ~ regelt das Zusammenleben in einem Gebäude.

HELA
Herbstlager

Höck
Sitzung oder Besprechungsrunde

I

J

JHV (Jahreshauptversammlung)
Versammlung der Vereinsmitglieder, um den Rechenschaftsbericht des Vorstandes über das letzte Jahr inklusive des Kassenberichtes zu hören, den Vorstand zu entlasten

(oder auch nicht), Vorstandswahlen durchzuführen, über verschiedene, gestellte Anträge zu beraten und diese gegebenenfalls zu beschließen. Die JHV stellt eines der wichtigsten Mittel bei Vereinen dar, um auf das zukünftige Vorgehen im Verein Einfluss nehmen zu können.

Jugendfarm

Eine ~ bietet offene Kinder- und Jugendarbeit an. Oft hauptamtlich geleitet, mit Unterstützung von ehrenamtlichen Mitarbeitern. Es gibt aber auch ganz ehrenamtlich geführte Einrichtungen. Im Vordergrund steht der Umgang mit Tieren, wie beispielsweise Pferden, Ziegen, Hasen, Frettchen, Kühen, Schweinen und Geflügel. Der Baubereich nimmt meist nur einen kleinen Bereich ein.

Jugendring

Zusammenschluss der örtlichen Jugendverbände und -vereine bzw. Jugendabteilungen in den Vereinen. Ein Jugendring funktioniert selbst wie ein Verein, hat also einen Vorstand, eine Satzung usw. und manchmal auch einen hauptamtlichen Geschäftsführer. Er kann Fortbildungen für seine Mitglieder sowie auch eigene ->Ferienlager organisieren. Jugendringe sind (meist) auch im Jugendhifeausschuss einer Stadt oder eines Landkreises vertreten.

Jugendschutzgesetz (JuSchG)

Im ~ wird der Verkauf und die Abgabe von Tabak, Alkohol, Filmen und Computerspielen sowie der Aufenthalt in Diskotheken und Gaststätten altersabhängig geregelt. In ihm sind das Gesetz zum Schutze der Jugend in der Öffentlichkeit und das Gesetz über die Verbreitung jugendgefährdender Schriften und Medieninhalte zu einem einheitlichen Gesetz zusammengeführt.

Juleica (Jugendleiter-Card)

Erhält man nach erfolgreicher Gruppenleitergrundausbildung in Deutschland.

Juleiklei (Jugend-Leiter-Kleidung)
Auch ein Ergebnis von ->Grik: Seite mit jährlicher Motivsuche für Pullover und T-Shirts rund um die Kinder- und Jugenarbeit, www.juleiklei.de

---

JuZe

Jugendzentrum

K

Kids

Häufig verwendetes Synonym für Teilnehmer

KiWaWo

Kinder-Wander-Woche

L

Lager

Fahrt mit Übernachtungen für Kinder bzw. Jugendliche in einer großen Gruppe (meistens ohne Eltern). Wird meist über längere Wochenenden oder in den Ferien durchgeführt (bspw. ->Sommerlager).

Lagerleiter/-tung
Ansprechpartner für die ->Teamer und der „Chef" bzw. die „Chefin" des ->Lagers

Lagerfeuer
Standard-Highlight in einer Freizeit

Lageropa bzw. -oma
Kosename ähnliche Bezeichnung für den ältesten Betreuer bzw. die älteste Betreuerin auf einem ->Lager

Leiter
vgl. -> Teamer

Leiterrunde
Allabendliche Besprechung des Lagerteams auf einem ->Lager, um den vergangenen Tag zu reflektieren, den kommenden nochmals im Detail zu besprechen (inklusive der genauen Aufgabenübernahme) und den weiteren Umgang mit "schwierigen" ->Teilnehmern zu besprechen.

M
MAs
Mitarbeiter bzw. Mitarbeiterinnen

Mini
Abkürzung für Ministrant

N
Nachbereitung
Veranstaltung, die nach jeder Aktion durchgeführt werden sollte. Man findet heraus wie gut oder wie schlecht eine Aktion war, indem man das Feedback aller Beteiligten aufgreift und auswertet.

Nachtruhe
Zeitraum, in dem man ruhig sein sollte. Meist von 22 bis 6 Uhr.

Nachtwanderung
Bezeichnung für eine Nacht-Aktion, die meist gruselig ist und den Kindern sehr viel Spaß macht.

O
Omi
Oberministrant (ehrenamtlicher "Vorstand" in der Messdienerarbeit)

P

Pänz
Abkürzung für ->Teilnehmer (kölsch)

Q

R

Robinsonspielplatz
-> Abenteuerspielplatz

S

SOLA
Abkürzung für ->Sommerlager

Sommerlager/Sommerfreizeit
Mehrtägige Veranstaltung an einem Zeltplatz oder in einem Haus in den Sommerferien für Kinder und Jugendliche. Meist werden Sommerlager auf ein bestimmtes Thema oder Motto hin ausgerichtet.

Speisesaal
Ort, an dem die Mahlzeiten "eingenommen" werden.

Sportskanone
Bezeichnung für einen ->Betreuer bzw. Betreuerin, die sich der sportlichen Betätigung der Kinder verschrieben hat und sich selbst gern sportlich betätigt.

T

Teamer
Sind (meist) ausgebildete Mitarbeiter des Trägers, die für die Programmgestaltung und pädagogischen Aufgaben in einer Freizeit zuständig sind.

Teilis
->Teilnehmer

Teilnehmer
Die Kinder oder Jugendlichen, die an einer Freizeit oder Gruppenstunde teilnehmen.

TN
->Teilnehmer

Träger
Der rechtliche Veranstalter (Organisation, Verein, Institution, etc.) von Ferienmaßnahmen und/oder Gruppenstunden.

U

V
Veranstalter
->Träger

W

X

Y
Youth and me
~ ist ein kostenloses Online-Fachmagazin für Jugendleiter und Mitarbeiter in der Jugendarbeit, www.youthandme.de

Z
Zela
->Zeltlager

Zeltlager
Mehrtägige Veranstaltung, bei der man nicht zwingend an einem Zeltplatz, aber zumindest in Zelten schläft und sich auch tagsüber in diesen aufhält. Ein ~ wird häufig bei ->Sommerlagern eingesetzt.

Zivildienstleistender/Zivi
In vielen Jugendeinrichtungen (und nicht nur da) vorhandene Hilfskraft und Mädchen für alles auf Staatskosten.

ZL
->Zeltlager

Deine Begriffe und Abkürzungen
Füge hier Deine Begriffe und Abkürzungen hinzu, die Du während deinem Einsatz in der Jugendarbeit kennenlernst. Diese kannst Du auch in "Grik.de - Ideen für die Kinder- und Jugendarbeit" unter dem Quick-Jump 3481 dem Wörterbuch für Jugendleiter hinzufügen.

Einteilungsmöglichkeiten
von verschiedenen Autoren

QUICK-JUMP
K:132

Bei vielen Spielen ist die Bildung von kleineren Gruppen oder Mannschaften unumgänglich, damit dies nicht immer nur durch Abzählen (1, 2, 1, 2, 1, ...) geschieht, folgen hier weitere Möglichkeiten, die natürlich auch noch beliebig variiert und abgewandelt werden können.

Zu beachten ist dabei, dass man bei einigen Einteilungsmöglichkeiten aktiv die Gruppenzusammensetzung bestimmen kann und dies nicht dem Zufall überlassen muss.

Indianisches Mannschaftsbilden

Jeder Mitspieler zieht seinen linken Schuh aus und wirft diesen in die Mitte. Der Spielleiter bildet nun aus den Schuhen neue Gruppen von der gewünschten Anzahl. Nun muss jeder Teilnehmer zu seinem Schuh gehen, diesen anziehen und ist in der jeweiligen Gruppe.

Gruppe ertasten

Die Kinder müssen sich in eine Reihe mit dem Rücken zum Spielleiter hinstellen. Nun bekommt jedes Kind einen Gegenstand in die Hand gedrückt (z.B. Stein, Wäscheklammer, etc.), den es nicht anschauen darf. Nun müssen sich die Kinder in den Gruppen zusammenfinden, indem sie sich jeweils Rücken an Rücken mit einem anderen stellen und ertasten, ob dieses den selben Gegenstand hat.

„Gemeines" Gruppenbilden

Man lässt die Kids selber Gruppen einteilen. Jede vermeintliche Gruppe soll sich hintereinander aufstellen. Bloß, dass hinterher nicht alle in einer Gruppe sind, die hintereinander stehen, sondern die, die nebeneinander stehen.

Gummibärchen-Einteilung

So viele Farben an Gummibärchen heraussuchen wie man Gruppen braucht. Pro Farbe die gewünschte Anzahl an Gummibärchen in einen Sack geben. Die Kinder ziehen dann der Reihe nach ein Gummibärchen aus dem Sack. Die jeweiligen Farben bilden eine Gruppe.

Tiergruppen

Jedes Kind zieht einen Zettel auf dem ein Tier (z.B. Hund, Elefant, etc.) steht. Auf Kommando macht jedes Kind "sein" Tier nach und sucht seine Artgenossen.

Gruppe verkehrtherum wählen

Für jede gewünschte Gruppe wird ein Teilnehmer ausgewählt. Dieser wählt die Mitglieder per Aufrufen, jedoch nicht die eigenen, sondern die Mitglieder für eine andere Gruppe und umgekehrt.

Freund-Einteilung

Die Kinder stellen sich zu zweit auf. Naturgemäß stellt sich jeder mit seinem besten Freund zusammen. Diese sind meist ähnlich stark. Es geht jeweils einer in die eine und in die andere Gruppe.

Funktioniert nur einmal, weil die Kinder es dann wissen, sorgt aber im Normalfall für extrem ausgeglichene Teams.

Auszählreime

Wenn man - z.B. für ein Fang- oder Versteckspiel - herausfinden will, wer als Erstes der Fänger oder Sucher ist, bieten sich Auszählreime an: Der "Auszähler" spricht Silbe für Silbe einen Auszählreim und deutet oder tippt bei jeder Silbe reihum einem Mitspieler vor die Brust. Er beginnt bei seinem linken Nachbarn. Der, bei dem der Reim endet, scheidet aus (was in diesem Fall gut ist, denn dann muss er nicht als Erstes fangen oder suchen). Der Auszähler beginnt wieder neu, Runde für Runde, bis der vorletzte Spieler ausgeschieden ist. Der übrig gebliebene Spieler ist damit "dran".

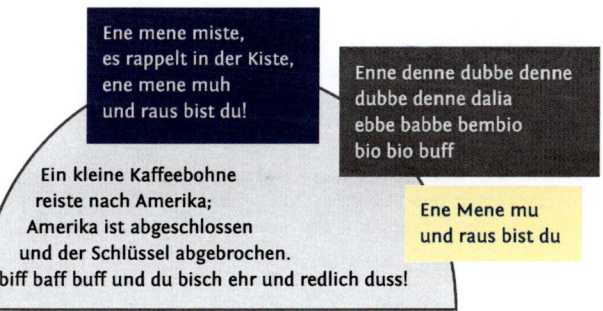

Ene mene miste,
es rappelt in der Kiste,
ene mene muh
und raus bist du!

Enne denne dubbe denne
dubbe denne dalia
ebbe babbe bembio
bio bio buff

Ein kleine Kaffeebohne
reiste nach Amerika;
Amerika ist abgeschlossen
und der Schlüssel abgebrochen.
biff baff buff und du bisch ehr und redlich duss!

Ene Mene mu
und raus bist du

SPIELE

SPIELEN KANN MAN IMMER!

Spiele richtig und passend für die jeweilige Gruppe und Situation herausgesucht, machen allen Freude. Spielen kannst Du in der Gruppenstunde, im Lager, auf Wanderungen, Tagesaktionen und Busfahrten. Dabei sollte das Mitspielen immer freiwillig sein. Teilnehmer, die nicht mitspielen möchten, haben ihre Gründe dafür. Versuche diese in einem kurzen, alleinigen Gespräch mit dem betreffenden Teilnehmer nachvollziehbar zu erfahren. Liegen die Gründe in Deiner Teilnehmergruppe, so solltest Du versuchen diese zu beseitigen und an den Problemen zu arbeiten. Doch wenn Du die Spiele gut ausgewählt und die großen Probleme beseitigt hast, dann steigen die meisten Zögerer auch in das Spielgeschehen mit ein.

Die Spielerklärung am Anfang sollte von Dir deutlich, langsam und ausführlich vorgetragen werden. Am Besten überlegst Du Dir schon vor der eigentlichen Erklärung, wie Du das Spiel erklären möchtest. Dein letzter Satz bei der Spielerklärung sollte immer sein: "Wer hat noch eine Frage dazu?" Nur so ist garantiert, dass die Teilnehmer Deine Erklärung und auch das Spiel an sich verstanden haben. Häufig kommt es bei den Teilnehmern besser an, wenn Du mitspielst und Dich nicht als Betreuer ausschließt. Das gilt sowohl für Dich als möglicher Spielleiter als auch für Euer ganzes Team. Zudem kannst Du beim Mitspielen das Spiel für zukünftige Einsätze viel besser einschätzen und Du kannst dadurch auch besser feststellen, wo Mängel in Deiner Spielerklärung oder auch in Deinem Spielverständnis sind.

Viele Spiele kann man auch ohne große Vorbereitungen einsetzen, damit Lücken im Programm füllen und die Teilnehmer bei Laune halten. Solche Spiele sollte man immer im Kopf oder auch in Schriftform dabei haben. Eine tolle Auswahl solcher Pausenfüller und Spiele mit wenig Material findet man in "Spiele für Unterwegs 1" und "Spiele für Unterwegs 2", die beide im Gruppenstunden-Shop unter www.gruppenstunden-shop.de bestellbar sind.

Arsch-Hirn-Krabbenkätschen
von Michael Keller

QUICK-JUMP
578

Alter:	6 bis 50 Jahre	**Dauer:**	ab 5 Minuten
Anzahl:	5 bis 100 Spieler	**Einordnung:**	Ice-Breaker,
Ort:	drinnen oder abgeste-		Geschicklichkeit,
	ckte Fläche im Freien		Pausenfüller

Jeder Spieler muss sich mit den Händen und Füßen am Boden abstützen (umgekehrter Vierfüßlerstand). Nun müssen die Spieler versuchen, die anderen Mitspieler so zu beeinflussen(mit Hand oder Fuß), dass sie mit ihrem Hintern den Boden berühren. Wenn ein Spieler mit dem Hintern den Boden berührt, ist er aus dem Spiel ausgeschieden. Das Ziel des Spieles ist, dass man als Letzter übrig bleibt und nicht den Boden berührt hat. Dieses Spiel kann so oft wie man möchte wiederholt werden.

Die Namensgebung stammt übrigens daher, dass bei dieser Krabbenart das Hirn im Arsch sitzt. Fällt man auf sein Gehirn (also auf den Arsch), so wird dieses zerquetscht und man ist tot.

Praxistipp von Stefanie Brähler:
Das Spiel ist einfach genial. Wenn die Kinder nicht mehr zuhören oder einfach überarbeitet sind, kann man das Spiel gut als Abreagierspiel bringen. Das Spiel kommt immer gut!

Bauernhofolympiade (Fitnessfarm)
von Cornelia Steinmann

QUICK-JUMP
499

Alter:	10 bis 50 Jahre	**Dauer:**	ab 60 Minuten
Anzahl:	5 bis 100 Spieler	**Einordnung:**	sportliche Olympiade
Ort:	großer Platz bzw. mehrere	**Material:**	steht bei der jewei-
	Stationen an einem Weg		ligen Station

Vorbereitung:
Posten aufstellen, Postenplakate, Verkleidung passend zum Thema. Evtl. Laufblätter für die Gruppen (für die spätere Auswertung).

Beschreibung:
Hier eine Auswahl von möglichen Stationen für die Olympiade. Besonders lustig ist es, wenn sich alle (oder zumindest die Leiter) passend zum Thema anziehen und ihr die Posten mit Plakaten etc. schön gestaltet.

Kühe melken:
Einen Gummihandschuh mit Wasser füllen und oben verknoten (Einweghandschuhe sind zu dünn). An einem Stuhl oder ähnlichem aufhängen. In die Fingerspitzen habt ihr vorher mit einer Nadel feine Löcher gestochen. Die Kinder müssen zur "Kuh" rennen und sie in einen Eimer melken. Die Zeit wird gestoppt (oder die Menge gemessen, die in einer bestimmten Zeit gemolken wurde). Achtung: Das Nachfüllen braucht ein wenig Zeit! Es lohnt sich also mehrere Kühe zur Verfügung zu haben.

Kirschen pflücken:
Spannt eine Schnur. Als Kirschen hängt ihr Plätzchen (am besten solche mit Loch) an Schnüren an die erste, horizontale Schnur. Die Kinder müssen die "Kirschen" mit dem Mund pflücken, ohne die Hände zu gebrauchen. Anmerkung: Echte Kirschen sind nicht zu empfehlen, das gibt eine Riesensauerei.

Eier suchen:
In einem abgegrenzten Gebiet sind Eier (Ping-Pong oder Tennisbälle) versteckt. Aufgabe der Kinder ist es in einer vorgegebenen Zeit möglichst viele dieser Eier zu finden und zum Bauern zu bringen.

Schubkarrenrennen:
Gestartet wird zu zweit. Der eine läuft auf den Händen (Liegestützposition), der andere steht aufrecht, hält ihn an den Beinen fest und führt die Schubkarre. Bei einer Markierung werden die Rollen getauscht.

Wasser tragen:
Der Wasserschlauch ist leider kaputt, so dass der Bauer seine Tomatenpflanzen von Hand bewässern muss. Damit er nicht so weit laufen muss, nimmt er die Hilfe der Kinder in Anspruch. Sie stellen sich in einer Reihe auf. Das Letzte füllt aus einem Becken mit Wasser hinter sich einen Becher und reicht ihn an seinen Vordermann weiter, etc. Wer den Becher in der Hand hat, darf seine Füße nicht bewegen. Ist die Kette bis zum Zielbecken zu kurz, muss der hinterste wieder vorne anschließen, bis das Wasser ins Becken gekippt werden kann. Dann beginnt das Wasserweiterreichen vom Wasserbecken aus von Neuem, solange bis eine bestimmte Marke erreicht oder die Zeit abgelaufen ist.

Hahnenkampf:
Zwei Kontrahenten hüpfen auf einem Bein und versuchen sich gegenseitig dazu zu bringen, auch den zweiten Fuß (oder eine Hand) auf den Boden zu stellen.

Kuh in den Stall treiben (Murmelspiel):
Eine größere Murmel ist die Kuh. Die Kinder müssen versuchen diese in ein Loch (den Stall) zu bugsieren, indem sie mit kleineren Murmeln auf sie schießen. Gewertet wird die Anzahl der Schüsse.

Kartoffeln schälen:
Rennstrecke mit mehreren Stationen. Vom Startpunkt aus rennen die Teilnehmer zu einem großen, mit Sand oder Erde gefülltem Becken, in dem sie eine Kartoffel suchen müssen. Mit der Kartoffel rennen sie weiter, wo sie sie waschen, bei der nächsten Station müssen sie erst eine Schürze überziehen und dann schälen. Tipp: Wenn es nur um die Zeit geht, werden die Kartoffeln dünner als unbedingt nötig, deshalb verlangt man am besten, dass die Schalenstücke möglichst lang und dünn sein sollen, dadurch wird sorgfältiger geschält. Mit den geschälten Kartoffeln könnt ihr zum Beispiel "Eikartoffeln" (Quick-Jump 456) machen.

Variation:
Euch fallen sicher noch mehr Spiele ein, die man passend zum Thema Bauernhof umgestalten kann. Ältere Kinder kann man auch bitten, sich in Gruppen ein Spiel

zu einem bestimmten Thema zu überlegen/anzupassen. Wenn sie das Konzept der Olympiade kennen, haben sie in der Regel kein Problem damit.

Chaosspiel (Saujagd)
von Steffi Beier

QUICK-JUMP
1164

Alter:	6 bis 14 und ab 20 Jahre	**Dauer:**	ab 60 Minuten
Anzahl:	8 bis 80 Spieler	**Einordnung:**	Geländespiel mit viel
Ort:	Haus und/oder Gelände		Bewegung

Vorbereitung:
Die Spielleitung sollte aus mind. zwei Personen bestehen. Die durchnumerierten Begriffskarten werden mit Klebeband im Gebäude (oder auch draußen auf dem Gelände) von der Spielleitung an unterschiedlichen Orten mit der Zahl nach oben angebracht. Die spielende Gruppe sollte dieses möglichst nicht beobachten.
In einem Raum wird auf einem Tisch der Spielplan ausgebreitet. Würfel und genügend Spielfiguren müssen bereit gehalten werden.
Die Großgruppe muss in gleich große Kleingruppen eingeteilt werden. Es muss entschieden werden, in welcher Reihenfolge die Kleingruppen in der ersten Runde spielen dürfen. In dieser Reihenfolge stellen sich dann die Gruppen vor der Tür des Spielraumes an. Die Tür muss während des Spieles geschlossen gehalten werden. Es ist sinnvoll, eine Person aus der Spielleitung vor der Tür abzustellen, um zu gewährleisten, dass keine Rangeleien entstehen und die Spielregeln eingehalten werden.

Beschreibung:
Nachdem der Gruppe die Spielregeln erklärt wurden, kann es losgehen:
Die erste Gruppe betritt den Spielraum. Eine Person dieser Gruppe würfelt. Würfelt diese Person
- eine 1 oder eine 4, darf ein Feld vorgegangen werden
- eine 2 oder eine 5, dürfen zwei Felder vorgegangen werden
- eine 3 oder eine 6, dürfen drei Felder vorgegangen werden.

Die Spielfigur der Gruppe wird auf das entsprechende Feld des Spielplanes gestellt. Nun muss die Gruppe den Spielraum verlassen und die Begriffskarte mit der entsprechenden Zahl auf dem Spielgelände suchen. Dabei darf sich die Gruppe trennen, währenddessen ist die nächste Kleingruppe dran.
Wurde die Karte gefunden, muss festgestellt werden, welcher Begriff sich dahinter verbirgt. Ist dieses geschehen, stellt sich die Gruppe vor dem Spielraum an. Der Spielleitung im Raum muss dieser Begriff (als Beweis, dass die Karte entdeckt wurde) genannt werden. Anhand der Begriffsliste kann die Spielleitung dieses auf seine Richtigkeit überprüfen.
Stimmt dieser Begriff, so bekommt die Gruppe nun die Aufgabe, die der Zahl, auf dem sich deren Spielfigur befindet, entspricht. Die Gruppe verlässt nun den Spielraum, erledigt die Aufgabe und stellt sich wieder an. Wird die Aufgabe zur Zufriedenheit der Spielleitung im Spielraum präsentiert, darf die Gruppe weiter würfeln.

Spielregeln:
- Jede Kleingruppe darf den Spielraum nur allein und komplett betreten.
- Anstellen darf sich aber auch nur ein(e) Vertreter(in) der Kleingruppe.
- Beim Würfeln soll die Gruppe sich untereinander abwechseln.
- Bevor die erfüllte Aufgabe der Spielleitung präsentiert wird, muss die Kleingruppe erst den Spielraum verlassen und sich hinten anstellen.
- Ist ein falscher Begriff genannt oder eine Aufgabe nicht zur Zufriedenheit der Spielleitung präsentiert worden, so muss die Kleingruppe den Spielraum wieder verlassen und sich hinten anstellen.
- Es dürfen keine Spielkarten manipuliert, umgehängt oder entfernt werden, ansonsten wird die entsprechende Kleingruppe komplett disqualifiziert.
- Es darf den anderen Gruppen nicht verraten werden, welche Aufgabe gerade ausgeführt werden soll.
- Gewonnen hat erst die Kleingruppe, die die letzte Aufgabe vollständig erledigt und diese der Spielleitung präsentiert hat.

Material:
Der Spielplan
Ein Spielplan muss erstellt werden. Dieser Plan sollte nicht zu klein sein (mind. DIN A2). Er kann einfach handschriftlich mit einem dicken Filzstift erstellt werden. Pro Aufgabe gibt es ein Feld. Die Felder sind durchgängig nummeriert. Es gibt noch ein extra Zielfeld. Zusätzlich wird ein Würfel und pro Kleingruppe eine Spielfigur (z.B. "Mensch ärgere dich nicht"-Steinchen) benötigt.

Die Spielkarten
Pro Aufgabe muss ein Pappkärtchen (ca. DIN A6) erstellt werden. Die Karten werden durchgängig nummeriert (Beispiel 1 bis 40). Auf die Rückseite der Karten werden unterschiedliche und ganz beliebige Begriffe geschrieben. Die Zahlen und Begriffe müssen groß und gut lesbar sein. Es muss eine Liste mit den Zahlen und den dazugehörigen Begriffen erstellt werden.

Die Aufgaben
Eine Liste mit durchnummerierten Aufgaben muss hergestellt werden. Die Aufgaben sollten ohne viel Aufwand erledigt werden können und dem Durchschnittsalter der Teilnehmer und Teilnehmerinnen entsprechen.

Aufgabenbeispiele:
1. Malt eure Gruppe.
2. Schreibt eine Liste mit den Vornamen aller Teilnehmer(innen).
3. Bringt drei Zahnbürsten.
4. Gurgelt zusammen ein Lied.
5. Schreibt eine Geschichte aus folgenden Wörtern: ...
6. Wie heißt das Haus, in dem wir wohnen?
7. Welche Farbe hat das Handtuch auf der Frauentoilette?
8. Bringt etwas Schönes.
9. Wie viele Duschen gibt es in diesem Haus?
10. Bastelt ein kleines Kunstwerk und gebt ihm einen Namen.
11. Macht einen Handstand (evtl. auch mit Hilfestellung)
12. Sammelt die Zettel von 1 bis 10 (10 bis 20, 20 bis 30, etc.) ein

Weitere Aufgaben findet man bei diesem Artikel online.

Zubehör, das zur Erledigung der Aufgaben benötigt wird, muss von der Spielleitung zur Verfügung gestellt werden. Außerdem ist es immer sinnvoll, einen Lösungsbogen zur Kontrolle für die Spielleitung vorzubereiten.

Tipps zur Durchführung:
Hier noch einige Tipps für die Spielleitung: Die Aufgaben sollten sich auf die neue Umgebung und auf die Gruppe beziehen. Damit aus den Kleingruppen niemand untergeht, sollte sie nicht größer als fünf Personen sein.
Je mehr Personen als Spielleitung mitarbeiten, um so angenehmer ist es. Im Spielraum kann man sich die Arbeit teilen, z.B. kontrolliert eine Person die Begriffsliste, eine andere die Aufgabenliste und eine dritte führt Protokoll, welche Kleingruppe gerade was tut, damit die Übersicht nicht verloren geht. Günstig ist es, wenn jemand aus der Spielleitung direkt vor der Tür steht und vor Eintritt der Kleingruppe überprüft, ob diese komplett ist. Wieder eine andere Person könnte das Spielfeld, auf dem die Begriffskarten verteilt sind, im Auge behalten, damit nicht geschummelt wird (Karten umhängen oder abreißen etc.).
Die Spielleitung kann durch Abweichen von dem Aufgabenzettel den Spielverlauf beeinflussen. Wenn eine Kleingruppe weit zurück fällt und die Lust verliert, könnte die Aufgabe z.B. ein Joker sein, damit das Aufholen nicht zu weit in die Ferne rückt. Umgekehrt könnte eine Kleingruppe, die weit voraus ist, eine besonders aufwendige Aufgabe bekommen.
Für die Teilnehmer(innen) wäre es sicherlich motivierender, wenn für die siegende Gruppe ein kleiner Preis in Aussicht steht.

Die Piraten von Walbel

QUICK-JUMP
2633

von Gérard Hofmann

Alter:	5 bis 70 Jahre	**Dauer:**	ab 5 Minuten
Anzahl:	10 bis 100 Spieler	**Einordnung:**	Kommunikation, ohne
Ort:	Stühle oder ebene Fläche		Gewinner, Partyspiel

Zwei (oder auch mehrere) Gruppen sitzen auf nebeneinander stehenden Stühlen, Bänken oder auf dem Boden in der Reihenfolge: Kapitän, Offizier, Steuermann, Quartiermeister, Kannonier, Matrosen, Schiffskoch, Papagei, Hund, Henne.
Der Spielleiter liest folgende Geschichte vor, in der die einzelnen Namen vorkommen. Jedesmal wenn der Name kommt, muss die Person aufspringen, einmal um die (Stuhl-)Reihe rennen und sich wieder setzen. Bei "Piraten" müssen alle, von Kapitän bis Schiffskoch, laufen, bei "Tiere" alle von Papagei bis Henne und bei "Piratenboot" alle.

Die Piraten von Walbel

Es ist windstill. Das Piratenboot "Schwarzer Engel" liegt in einer Bucht vor einer einsamen Insel vor Anker. Der Hund rennt hinter dem Papagei her, welcher zu der Henne in die Umzäunung flüchtet. Die Matrosen schleppen Obst und Fässer mit frischem Wasser an Bord. Der Kannonier überprüft die Pulverfässer. Der Schiffskoch liegt noch halb betrunken an Deck und wird vom Quartiermeister mit einem Fußtritt geweckt. "Los, aufstehen! Und schau dir die Vorräte an, damit wir ordentliches Essen haben."

Der Steuermann ist noch genauso betrunken wie der Schiffskoch und fällt über die Schiffsreling ins Wasser. Alle Piraten lachen und sehen zu wie sich der Trunkenbold an Land schleppt, welcher wütend nun auch dem Hund einen Fußtritt verpasst. Plötzlich kommt Wind auf. Der Offizier treibt die Mannschaft an: "Los, ihr Faulpelze, wer nicht auf der Insel bleiben will, soll sich beeilen." Die letzten Lebensmittel werden eilig vertaut. Schon ruft der Kapitän: "Alle Mann, Anker hieven! Piraten, setzt die Segel!"

Langsam kommt das Piratenboot in Fahrt und verlässt die Bucht. Der Papagei fühlt sich wieder sicher und fliegt auf das Vorschiff. Die Henne bleibt liegen und geht weiter ihrer Lieblingsbeschäftigung, dem Nichtstun, nach. Dies scheint ansteckend zu sein, denn sobald der Kapitän in seiner Koje verschwunden ist, legen sich der Quartiermeister und der Kannonier ebenfalls faul beiseite. Der Offizier ruft: "Matrose, auf in den Ausguck! Steuermann nach Backbord wenden!" Nach einiger Zeit ruft der Matrose: "Schiff in Sicht!" Die Tiere schrecken auf. Der Kapitän kommt an Deck. Er nimmt ein Fernrohr und schaut sich die vermeindliche Beute an. Er murmelt: "Eine große spanische Galeone, liegt tief im Wasser und macht wenig Fahrt. Das wird eine fette Beute."

Das Piratenboot kommt immer näher zur Galeone. Die Totenkopffahne wird gehisst, der Kannonier lässt die Kanonen laden, der Offizier und der Quartiermeister machen die Männer kampffertig. Sogar der Schiffskoch hockt mit dem Enterbeil hinter der Reling. Der Papagei und der Hund spüren die Nervosität der Männer und sind unter Deck verschwunden. Nur die Henne zittert in einer Ecke ihres Geheges. Jetzt ist die Galeone in Reichweite der Kanonen. Ein Matrose feuert einen Warnschuss vor den Bug des großen Schiffes.

Doch plötzlich öffnen sich die Luken auf der Steuerbordseite und zwanzig Kanonen feuern auf das Piratenboot. Der Steuermann ruft noch: "Verdammter Klabautermann, das war ein Militärschiff und kein Handelsschiff, jetzt hat die letzte Stunde der Piraten von Walbel geschlagen." Die Henne legt schnell noch ihr letztes Ei. Nur der Hund wird von den Soldaten aus dem Wasser gefischt und kommt zu den anderen Tieren an Bord der Galeone.

Praxistipp von Andreas Robra:
Wir haben die Spielgeschichte in meiner Kindergruppe ausprobiert, allerdings etwas modifiziert: Statt einmal um die Stühle herumzulaufen, hatte jedes Kind in seiner Rolle als Kapitän, Offizier usw. aufzustehen und immer den selben Satz zu sagen. Die Sätze standen auf kleinen Kärtchen, die ich vorher verteilt hatte. Nach zwei Proben haben wir das dann sogar als "Theaterstück" vor Publikum aufgeführt. Die Kids waren begeistert!
Die Karten kann man online beim Artikel herunterladen.

Eisschollen
von Thomas Überreiter

QUICK-JUMP
2633

Alter:	ab 12 Jahre	**Dauer:**	ab 25 Minuten
Anzahl:	10 bis 100 Spieler	**Einordnung:**	Kommunikation,
Ort:	Stühle - fast so viele wie		Kooperation
	Mitspieler		

Vorbereitung:
Die Stühle werden im Raum verteilt. Einige zusammenstehend, andere etwas weg und einige auch ganz weit weg von den nächsten.

Beschreibung:
Die Gruppe wird in den Raum gelassen und man erklärt das Spiel: Ihr befindet euch auf dem Eismeer und in diesem schwimmen einige Eisschollen. Ab sofort gilt, wer im Eiswasser steht, ist verloren. Begebt euch also direkt auf die Eisschollen (Stühle). Da abgelöste Eisschollen sich ständig verkleinern, solltet ihr versuchen, alle Eisschollen zusammenzutreiben. Bewegen darf man eine Eisscholle nur, wenn keiner darauf steht. Es müssen alle auf den Stühlen stehen, d.h. es müssen teilweise auch mehrere auf einem Stuhl stehen. Einen Stuhl kann man verrücken, wenn man nicht darauf steht. Ziel ist dabei, eine große Scholle zu bilden (schmilzt langsamer als kleine). Wenn also alle zusammen sind, ist das Ziel erfüllt.
Die Spieler müssen also alle vom Boden weg sein und sollten als Gruppe diese Aufgabe lösen. Man muss sich festhalten, wenn man auf einem Stuhl gemeinsam steht, etc..

Variation:
Um das Ganze etwas anzuheizen, kommt unangekündigt ein Hai (sehr realistisch im Eismeer!) vorbei und greift sich eine Eisscholle, die gerade nicht berührt wird. Die Aufregung der Teilnehmer wird sofort beschwichtig, indem die Spielleitung (der Hai) seine Regeländerung erklärt und damit festlegt. Das kann dem Spiel eine neue Dynamik geben und die Strategie ändern.
Als Ziel kann man auch nehmen, dass die Gruppe zusammenfinden und die große Scholle schließlich in eine bestimmte Ecke (Tür) bringen muss, um das Festland zu erreichen.

Bemerkung/Hinweis:
Es ist äußerst interessant zu sehen, wer auf einmal sich selbst in Sicherheit bringt und wer für andere mitdenkt und plant. Schließlich gibt es dann sehr schnell Mitspieler, die das Ganze moderieren, managen und das ist nebenbei natürlich eine tolle Sache für uns Lagerleiter, die Struktur einer Gruppe zu verstehen. Es macht Sinn das ganze wirklich selbst zu moderieren, damit der Hauptleiter, der wahrscheinlich sonst den Ablauf sofort organiseren würde, nur zuschaut!
In der nachfolgenden Diskussion (je nach Alter und Elnsatzzweck) kann man dann anmerken, was man gesehen hat. Wie wurde zusammengearbeitet? Wer hat das Zepter in die Hand genommen? Wer hat boykottiert? Wie hat sich der Einzelne gefühlt, der auf dem Stuhl ganz weit weg "strandete"?
Das Spiel ist dazu geeignet die Strukturen, Eigenschaften und Persönlichkeiten eures Teams herauszufinden.

Evolution
von Jörg Schloßmacher

QUICK-JUMP
590

Alter:	ab 8 Jahre	**Dauer:**	ab 8 Minuten
Anzahl:	6 bis 100 Spieler	**Einordnung:**	Ice-Breaker,
Ort:	ebene Fläche		Pausenfüller

Es ist ja allseits bekannt, dass wir uns aus Amöben entwickelt haben! Hier wird jetzt die gesamte Evolution im Schnelldurchlauf dargestellt!

Beschreibung:
Bis zu sechs Entwicklungsstufen werden vorgestellt:
1. Amöbe (Schwimmbewegungen machen und "möb, möb" rufen)
2. Insekt (summen, mit den Flügeln schlagen)
3. Frosch (quaken, in der Hocke hüpfen)
4. Dinosaurier (gebeugt aufrecht gehen und schrecklich brüllen, Krallen)
5. Gorilla (die Hände auf die Brust klopfen und Affengeräusche machen)
6. Mensch (aufrecht stehen bleiben und den anderen zusehen, Hand unter Kinn)

Alle sind anfangs eine Amöbe und wollen sich auf die nächst höhere Ebene entwickeln. Das tun sie, indem sich zwei gleicher Gattung treffen und ausknobeln (Schere-Stein-Papier), wer zum nächsthöheren Level fortschreitet. Der Verlierer muss wieder eine Stufe zurück. Wer einmal Mensch geworden ist, bleibt dabei und genießt das Zusehen. Es dürfen immer nur gleichartige Wesen miteinander knobeln. Das bedeutet auch, dass am Schluss von jedem Wesen mindestens eines übrig ist!

Fluba
von Cornelia Steinmann

QUICK-JUMP
477

Alter:	ab 7 Jahre	**Dauer:**	ab 20 Minuten
Anzahl:	10 bis 20 Spieler	**Einordnung:**	Reaktion, Ballspiele,
Ort:	halbwegs ebene Fläche		Spiel mit Wasser
	(Wiese, Parkplatz, etc.)		

benötigtes Material:
Luftballons (evt. Wasserballone)
Wasser vom Wasserhahn oder Kanister mit Trichter

Vorbereitung:
Zwei Ballone ineinander stecken, den inneren mit Wasser füllen (etwa faustgroß) und verknoten. Den äußeren Ballon aufblasen und ebenfalls verknoten. Falls ihr Wasserballons habt, kommt so einer nach innen, es ist aber nicht nötig.

Beschreibung:
Wegen dem inneren Ball fliegt der Fluba ziemlich unkontrolliert. Zudem gehen Flubas schnell kaputt, deshalb muss man sie vorsichtig behandeln. Es ist immer ratsam, gleich mehrere Flubas zu produzieren.

Spielvorschläge:
- Kinder in 2 Gruppen, 1 Fluba. Die Gruppe, die den Fluba besitzt, spielt ihn untereinander zu. Die andere versucht, ihn abzujagen. Aber Vorsicht: Kaputte Flubas geben Minuspunkte.
- Alle Kinder stellen sich in einen Kreis. Der Fluba wird reihum von Kind zu Kind geworfen. Immer wenn der Fluba einmal um den Kreis gewandert ist, treten alle einen Schritt zurück. Das Spiel geht so lange bis die einzelnen Abstände so groß werden, dass der Fluba schließlich zu Boden fällt und platzt.

- Staffetenformen mit Fluba: Der Fluba muss über eine vorgegebene Strecke transportiert werden. An bestimmten Punkten muss er durch Werfen an eine andere Person weitergegeben werden. Wer den Fluba kaputt macht, muss einen neuen holen und von vorn beginnen.

Euch fallen sicher noch viel mehr Varianten ein.

Bemerkung/Hinweis:
Je mehr Flubas, desto mehr Kinder können mitspielen. Das Herstellen der Fluba erfordert allerdings etwas Geduld. Wasserscheu sollten die Abfüllenden auch nicht sein, weil so ein Ballon geht schon mal ungeplant kaputt.

Wichtig:
Nach dem Spielen die Gummireste von kaputten Flubas vom Spielfeld sammeln.

Sonstiges:
Ich kannte das Spielgerät unter dem Titel "Fluba" und "Flubber", habe aber inzwischen erfahren, dass es eigentlich Fluri-Ballon heißt, weil es ein Herr Fluri erfunden hat. Tja, Fluba klingt ja ziemlich ähnlich wie Flubber.

Kriminalfälle bzw. -rätsel
von Susanne Schmitt

QUICK-JUMP
361

Alter:	ab 8 Jahre	**Dauer:**	ab 5 Minuten
Anzahl:	2 bis 20 Spieler	**Einordnung:**	Rätsel- und Logikspiel,
Ort:	beliebig		Motivationsspritze bei
			Wanderungen, Pausen-
			füller

Hier gilt es, Kriminalfälle aufzulösen: Der Spielleiter erzählt kurz den Anfang einer Kriminalgeschichte, die er natürlich noch etwas ausschmücken kann, nur sollte er sich dabei nicht schon verraten. Nun müssen die Mitspieler durch Fragen, die der Leiter mit "Ja" oder "Nein" beantworten kann, auf die Lösung kommen (und den Mörder finden). Auch wenn sich die Beschreibung dieses Spiels banal anhört - meistens rief es sowohl bei den kleinen oder großen Teilnehmern, als auch bei uns Helfern untereinander immer wieder Begeisterung an der Knobelei, dem Kombinieren und der entstehenden Spannung aus. Dass nur der Spielleiter die Lösung kennen darf, sollte selbstverständlich sein. Die Kriminalfälle können in beliebiger Reihenfolge abgehandelt werden und sollten für einige spannende Abende, für Busfahrten und Wanderungen ausreichen.

Weitere Fälle findet man online im Grik unter dem Quick-Jump 361.

Herr Meier und der Aufzug
Herr Meier fährt morgens mit der U-Bahn zur Arbeit, betritt die Halle eines Wolkenkratzers und fährt mit dem Lift ins 23. Stockwerk. Sein Büro liegt allerdings in der 35. Etage. Den Rest geht er zu Fuß. Er macht das aber nicht, um fit zu bleiben oder weil er etwa ein begeisterter Treppensteiger wäre. Am Abend fährt er mit dem Lift

wieder nach unten - diesmal allerdings direkt vom 35. Stockwerk aus. Nur bei Regen fährt er gleich direkt vom Erdgeschoss in den 35. Stock.

Die Lösung:
Warum steigt Herr Meier immer schon im 23. Stock aus? Hat er etwa eine Geliebte im 24. Stock oder funktioniert der Fahrstuhl nur bei Regen?! Die Lösung ist so einfach wie verblüffend, nur wird es schon einige Zeit dauern, bis man darauf kommt, dass Herr Meier so klein ist, dass er nicht an den Fahrstuhlknopf des 35. Stocks kommt - abwärts natürlich kein Problem. Nur bei Regen hat er eben einen Schirm dabei, mit dem er den hoch gelegenen Knopf erreicht.

Herr Meier und das offene Fenster
Herr Meier kommt vom Einkaufen nach Hause. Als er seine Wohnung betritt, erschrickt er: Mary und Paul liegen beide tot auf dem Boden vor dem offenen Fenster. Um sie herum eine riesige Wasserpfütze.

Die Lösung:
Die Schwierigkeit in diesem Fall liegt darin, herauszufinden, ob Mary und Paul überhaupt Menschen sind. Sind sie nämlich nicht. Mary und Paul sind zwei Goldfische. Das sich durch einen Windzug öffnende Fenster hat irgendwann das davor stehende Goldfischglas umgekippt, es zerbrach und die beiden Fische erstickten auf dem Teppichboden.

Das Zugabteil
Ein Zugabteil, besetzt mit mehreren Personen: ein junger Mann mit einer Augenbinde, eine etwas betagtere, beleibte Frau, ein 19-jähriger Jugendlicher und ein mittelalter Mann. Irgendwann passiert der Zug einen langen Tunnel. Als es wieder hell im Abteil wird, ertönt aus dem Hals der Frau ein greller Schrei: Der Mann mit der Augenbinde ist tot: Selbstmord!

Die Lösung:
Die Schwierigkeit dieses Falles liegt darin, dass alle Zuggäste im Abteil eigentlich nichts mit dem Tod des jungen Mannes zu tun haben. Das Geheimnis liegt viel mehr in der Augenbinde. Der Tote war vor der Zugfahrt zu einer Operation gewesen. Er war blind und dort sollte er das Augenlicht wieder erlangen. Nach einem längeren Krankenhausaufenthalt fuhr er wieder nach Hause, begleitet von einem Zivi (der 19-jährige). Irgendwann wurde er so neugierig, dass er die Augenbinde abhob, um zu prüfen, ob er wieder sehen könne. Dummerweise tat er das in einem Tunnel. Das Leben hatte für ihn nun keinen Sinn mehr - er beging Selbstmord.

Herr Meier und der Streichholztote
In dieser Folge treffen wir zur Abwechslung mal wieder auf Herrn Meier. Er hat einen Sommerurlaub in den Bergen gebucht. Die Ferien vergehen ohne Leichen - Herr Meier langweilt sich deswegen schon fast. Als er gegen Ende seines Urlaubs noch einmal eine Bergtour macht, findet er aber endlich wieder eine. Sie liegt, zerschellt, am Fuße des Berges. In der Hand des Toten findet Herr Meier ein Streichholz.

Die Lösung:
Der Tote war mit mehreren Leuten in einem Heißluftballon unterwegs. Durch

ungünstige Windverhältnisse trieben sie auf einen Berg zu, an dem sie ganz sicher zerschellen würden: Sie hatten bereits alle Sandsäcke abgeworfen und die Gasflaschen waren bereits leer. Was sollten sie also tun - sie mussten unbedingt weiteren Ballast abwerfen, um über den Berg zu kommen. Also zogen sie in ihrer Verzweiflung Streichhölzer - wer "den Kürzeren zog", musste abspringen.

Herr Meier und das Hotel (von Regina Schlonz)

Herr Meier schiebt sein Auto eine Straße entlang, kommt an ein Hotel, bezahlt viel Geld und schiebt weiter.

Die Lösung:
Er spielt Monopoly.

Johnny im Wohnwagen

Johnny war über eine Woche nicht zu Hause. Nun betritt er seinen Wohnwagen. Im Wohnwagen liegt an vielen Stellen Sägemehl auf dem Boden. Er geht ins Bad und schaut in den Spiegel. Dann begeht er Selbstmord.

Die Lösung:
Das ist wirklich eine harte Nuss. Johnny ist, wie auch Herr Meier, ein Zwerg, aber ein ganz besonderer: Er ist nämlich der kleinste Zwerg der Welt, und damit ist er auch die Attraktion für den Zirkus, bei dem er arbeitet. Zusammen mit ihm tritt aber auch der zweitkleinste Zwerg der Welt auf. Dies ist gegen Johnnys Position natürlich nichts, und deshalb ist dieser Herr natürlich gewaltig eifersüchtig. Wie gerne wäre er an dessen Stelle. Deshalb fasst er den Entschluss zu einem gemeinen Plan. Er bricht in Johnnys Abwesenheit in dessen Appartement ein, sägt alle Stühle, Tische und Schränke um 5 Zentimeter kürzer (daher das Sägemehl, das Johnny gar nicht bemerkt - auch das müssen die Frager erraten) und hängt schließlich den Badezimmerspiegel tiefer. Das zur Vorgeschichte. Was passiert jetzt aber, damit Johnny Selbstmord begeht? Er kommt in seinen Wohnwagen und stellt fest, dass er gewachsen sein muss - schließlich kommen ihm alle Möbelstücke in seinem Wohnzimmer etwas kleiner vor. Um sich zu vergewissern, geht er ins Badezimmer und schaut in den Spiegel. Aber da erblickt er nicht sein Gesicht, sondern seine Brust. Es stimmt also tatsächlich: Er ist gewachsen. Dadurch ist er nicht mehr der kleinste Zwerg der Welt! Das Leben hat für Johnny den Sinn verloren, und er bringt sich um.

Die drei Toten am Tisch

In einem Raum aus Metall liegen drei Tote Männer um einen Tisch. Auf dem Tisch liegen Spielkarten und eine Pistole.

Die Lösung:
Zunächst sollte man die Ratenden herausfinden lassen, in was für einem Raum sich die Männer befinden und woran sie gestorben sind. Zwei von ihnen sind nämlich erschossen worden, der dritte ist erstickt. Der Raum ist ein U-Boot. Und, schon erraten? Das U-Boot wurde beschädigt und konnte nicht mehr auftauchen. Die Männer setzten einen Notruf ab und warteten, aber irgendwann stellten sie fest, dass der Sauerstoff knapp wird. Um die Überlebenschancen (zumindest für einen von ihnen) zu erhöhen, beschlossen sie, auszuspielen, wer sich erschießen muss. Leider hat es der Dritte dann doch nicht mehr geschafft und die Rettungsmannschaft stand

bestimmt vor einem ähnlichen Rätsel wie die Mitspieler.

Herr Meier und das Telefon
Herr Meier liegt im Bett und kann nicht schlafen. Schließlich greift er zum Telefon, wählt eine Nummer, lässt sich verbinden und wartet bis sich jemand meldet. Den fragt er, ob er mit Herrn Meier verbunden sei. Dieser verneint das, worauf Herr Meier sich entschuldigt. Er legt auf und kann beruhigt einschlafen.

Die Lösung:
Welcher geheimnisvolle Vorgang mag sich wohl hier verbergen? Nun ja, es ist eigentlich mal wieder recht einfach: Der Nachbar von Herrn Meier schnarcht wie eine Kettensäge. Also ruft er die Rezeption an und lässt sich mit seinem Nebenzimmer verbinden. Nach Herrn Meier zu fragen, ist natürlich ein überflüssiger Scherz, denn er hat sein Ziel bereits erreicht: Der lästige Schnarcher ist geweckt und Herr Meier kann endlich in Ruhe einschlafen.

Schnellstes Namenspiel der Welt
von Susanne Schmitt

QUICK-JUMP 448

Alter:	ab 5 Jahre		**Dauer:**	ab 5 Minuten
Anzahl:	ab 6 Spieler		**Einordnung:**	Ice-Breaker mit Kennenlernspieltendenzen
Ort:	beliebig		**Material:**	Stoppuhr (oder Uhr mit Sekundenzeiger)

Die Teilnehmer stehen oder sitzen im Kreis. Jeder Mitspieler nennt reihum seinen Namen, was möglichst schnell geschehen soll. Deshalb nimmt ein Helfer die Zeit (Stoppuhr!). Nach einigen Runden sollten die Teilnehmer darauf kommen, ihre Namen gleichzeitig zu nennen.

Kommentar von Nadine Blum
Wir haben dieses Spiel auch schon mehrmals gespielt und dabei ging es wirklich darum in jeder Runde schneller seinen Namen zu sagen und diese durften nicht gleichzeitig gesagt werden.
Als Variante haben wir dann noch gehabt, dass man den Namen rechts oder links neben einem sagen muss, denn dann wird es mit dem Denken schon gleich schwerer.

Spüli-Twister
von Julia Radine

QUICK-JUMP 3539

Alter:	ab 8 Jahre	**Dauer:**	ab 10 Minuten
Anzahl:	2 bis 5 Spieler	**Einordnung:**	Wasserspiel mit hohem Funfaktor
Ort:	ebene Fläche		

Material:
Reißfeste Abdeckplane (z.B. aus dem Baumarkt)
Wasser
Seife/Spülmittel

feste Farbe
Drehscheibe (z.B. vom Original-Twister-Spiel)

Vorbereitung:
Mit den wasserfesten Farben ein Twister-Spielfeld auf die Abdeckplane malen und gut trocknen lassen (am besten einige Tage vorher).
Direkt vor Spielbeginn die Abdeckplane auf ebenem Grund ausbreiten und nass machen. Danach Spülmittel oder Seife auf der nassen Abdeckplane verteilen.

Beschreibung:
Es gelten die Spielregeln von Twister. Es wird also mit Hilfe der Drehscheibe festgelegt, welches Körperteil auf welche Farbe muss. Der rutschige Untergrund erschwert die Aufgabe, aber bringt jede Menge Spaß und alle sind anschließend nass.

Variation:
Wenn man eine größere Gruppe hat, kann man Mannschaften bilden und aus jeder Mannschaft immer einen antreten lassen. Wer dann eine Runde gewinnt, bekommt einen Punkt für seine Gruppe.

Wie gut kennst du sie/ihn?

QUICK-JUMP
199

von Lena Petermann

Alter:	ab 10 Jahre	**Dauer:**	ab 15 Minuten
Anzahl:	ab 10 Spieler	**Einordnung:**	Showabendaktion mit
Ort:	Stühle oder ebene Fläche		tieferem Kennenlernen

Welcher Junge kennt ein bestimmtes Mädchen am besten? Welches Mädchen kennt einen bestimmten Jungen am besten?
Ich beginne einfach mal mit denn Mädels, denn jeder weiß: Ladies first! Ein Mädchen wird ausgesucht und mit dem Rücken zum Publikum nach vorne auf einen Stuhl gesetzt. In diesem Fall sind alle Jungs angesprochen und die restlichen Mädels haben Sendepause.
Es werden Fragen gestellt und dabei werden zwei Antwortmöglichkeiten bereitgestellt. Die Jungs müssen sich nun entscheiden. Wählen sie Antwort a), dann müssen sie sitzen bleiben, wählen sie Antwort b), dann müssen sie aufstehen.
Die Kandidatin sieht nichts davon und wird, nachdem alle Herren gewählt haben, selbst gefragt. Alle, die richtig lagen dürfen weiterspielen, der Rest muss sich umdrehen. Am Ende bleibt nur ein einziger "Mann" übrig und ein "perfekter Freund" ist gefunden.
Nach einer Runde wird das Spiel selbstverständlich umgedreht: Ein Herr wird gewählt und die Mädels müssen raten.

Mögliche Fragen für dieses Spiel sind (z.B. auf Zeltlagern):
- Was mag XXX lieber, Kaffee oder Tee?
- Welche Übernachtungsmöglichkeit zieht sie vor, Zelt oder Hotelzimmer?
- Welches Tier mag sie lieber...

Lustiger wird es, wenn nach persönlicheren Dingen gefragt wird (z.B. Welches Kleidungsstück hat sie/er zuerst eingepackt, eine Hose oder einen BH? Es sollte aber vorher geklärt sein, ob solche Fragen der entsprechenden Person nicht zu unangenehm sind.

> **Praxis-Tipp von Georg Lingemann**
> Aber aufpassen, wen man in die Mitte stellt. Bei Außenseitern und sehr schüchteren Kinder kann das Spiel auch nach hinten losgehen.

Was hör ich denn da?
von Verena Schaffer

QUICK-JUMP
386

Alter:	ab 10 Jahre	**Dauer:**	ab 10 Minuten
Anzahl:	ab 6 Spieler	**Einordnung:**	Nachtaktion und Such-
Ort:	kleines Waldstück, Wiese		spiel
	mit Verstecken	**Material:**	kleine Musikinstru-
			mente

Wichtig, da sich die Kinder im Dunkeln fortbewegen sollen: Es ist sinnvoll, das Spielfeld einmal bei Tageslicht zu besichtigen.

Jeder Spielteilnehmer wird mit einem kleinen Musikinstrument ausgestattet (Pfeife, Rassel, Trommel, etc.).
Die gesamte Gruppe versteckt sich im vorher ausgemachten Spielgebiet. Sie erhalten den Auftrag alle 30 Sekunden (kann man leicht zählen) ein Geräusch zu machen. Zwei Kinder bleiben zunächst beim Gruppenleiter und werden nach rund drei Minuten in das Waldstück entlassen.
Ziel dieser beiden ist es, möglichst schnell möglichst viele Kinder zu finden.
Der Gruppenleiter bleibt auf einem Platz in der Mitte des Spielfeldes unter Beleuchtung einer starken Taschenlampe sitzen. Die gefundenen Kinder werden zu ihm gebracht.

> **Praxis-Tipp: STOPP-REGEL bei Nachtaktionen**
> Bei Spielen im Dunkeln und noch dazu im offenen Gelände ist es doppelt so wichtig, die Spielfeldgrenzen klar festzulegen. Am besten wäre es ja, wenn zwei oder drei Gruppenleiter die ganze Zeit im Gelände umhergehen würden, um ein wenig Acht zu geben. Vor dem Spielen sollte ein Notfallsignal ausgemacht werden, das gleichzeitig den Spielabbruch bedeutet.
> *Weitere Hinweise zu Nachtaktionen sowie über 50 Vorschläge für Nachtaktionen findet man in "Gruselpfad auf Geisterschloss. Ziele, Spiele, Methoden & vieles mehr zu Nacht-Aktionen für Jugendleiter auf Lagern und in Gruppenstunden" (bestellbar unter www.gruppenstunden-shop.de).*

Wasserschlange
von Christian Mehler

QUICK-JUMP
2115

Alter:	ab 8 Jahre	**Dauer:**	ab 2 Minuten
Anzahl:	ab 8 Spieler	**Einordnung:**	Wasserspiel mit Koor-
Ort:	flaches Wasserbecken		dination und Koopera-
			tion

Die Kinder werden in zwei Gruppen geteilt. Jede Gruppe stellt eine Schlange dar. Dabei umschlingt der Hintermann jeweils mit den Beinen das Becken des Vordermannes (ergibt eine recht wackelige Konstruktion). Nun machen alle nur Armbewegungen und die jeweils Vorderen müssen versuchen, die jeweils andere Schlange zum Zerreißen zu bringen.

einfachere Variation:
Seitliches Einhaken zur Schlangenbildung

Weitere Wasserspiele:
Weitere Spiele für das Schwimmbad und das Gebiet rundherum findet man in "Wasser-Spaß. Spiele im Wasser für Jugendleiter im Schwimmbad und Schwimm-Trainer" sowie "noch mehr Wasser-Spaß. Erlebniswelt 'Wasser' für Jugendleiter und Trainer neu umspielt". Beide Bücher sind nur im Gruppenstunden-Shop unter www.gruppenstunden-shop.de bestellbar.

Zwerg - Riese - Zauberer
von Christian Mehler

QUICK-JUMP
476

Alter:	ab 8 Jahre	**Dauer:**	ab 5 Minuten
Anzahl:	ab 8 Spieler	**Einordnung:**	Ice-Breaker und Fang-
Ort:	ebene Fläche		spiel

Vorbereitung:
Fläche wird in fünf Abschnitte durch drei Striche eingeteilt, die inneren drei Abschnitte haben dabei eine Länge von ca. 5 bis 10 Meter. Die Mitspieler werden in zwei Gruppen aufgeteilt.

Beschreibung:
Bei diesem Spiel kommen die drei Figuren Zwerg, Riese und Zauberer vor (können auch auf das jeweilige Thema zugeschnitten werden). Der Zwerg fängt den Zauberer, der Zauberer fängt den Riesen und der Riese fängt den Zwerg.
Jede Gruppe trifft sich nun an der äußersten Spiellinie und legt ihre jeweilige Figur fest (natürlich so leise, dass es die andere Gruppe nicht mitbekommt). Jetzt treffen sich die beiden Gruppen an der Mittellinie. Nach einem Startsignal von einem Betreuer rufen die Gruppenmitglieder ihren jeweiligen Figurnamen. Sind die Figuren der beiden Gruppen die gleichen, so müssen sich beide erneut ihre Figur überlegen.
Wie oben beschrieben fängt dann die eine Gruppe Mitglieder der anderen. Werden Kinder vor dem letzten Strich berührt, so gehören diese dann zu der anderen Gruppe. Es geht so lange weiter, bis alle Kinder in einer Gruppe sind.

Variation:
Man macht nur Gesten anstatt zu schreien:
- Zwerg macht sich ganz klein
- Riese streckt sich
- Zauberer geht in Schrittstellung und hebt einen Arm leicht schräg nach oben

BASTELN

SCHERE, KLEBER, PAPIER UND MEHR

Kinder haben Spaß dabei, bestaunen das Ergebnis, zeigen es den Eltern, die es auch begeistert, geht es in einen Verkauf, kann man seine Vereinskasse aufbessern, Betreuer müssen aufpassen, Scheren und Cutter stellen eine Gefahr dar, nicht alles dürfen Kinder machen, aber die richtigen Freiheiten müssen gewährt werden, der Einkauf vorher ist meist aufwendig, verschiedene Geschäfte und Preise vergleichen, das richtige Material überhaupt erstmal zu finden, dann noch einmal Probebasteln, überprüfen, ob die Anleitung funktioniert, überlegen, wie man es anleitet, überlegen, was an der Anleitung schlecht ist, überlegen, was man noch daraus machen kann, darüber nachdenken, welchen Schritt nur die Betreuer machen, ...

Wer nach dieser Liste noch nicht die Lust am Basteln mit Kindern verloren hat, dem sei gesagt: Basteln macht Spaß! Und die ganzen Vorüberlegungen sind nicht so kompliziert, wie es scheint. Die meisten Fragen kann man mit etwas Intuition und Kenntnissen über die Fertig- und Fähigkeiten der Teilnehmer leicht beantworten.

Basteln mit Kindern ist meist eine schöne Erfahrung. Ab den ersten Anfängen der Pubertät wird Basteln meist eher von den Teilnehmern abgelehnt. Malen mit flüssigen Farben, Batiken, Dekorieren und Bauen fallen allerdings meist nicht darunter.

Basteln kann man in der Gruppenstunde, auf Tagesaktionen, auf Wochenendfahrten, im Lager und auf Freizeiten. Die meisten Bastelideen kann man daher als Workshop bzw. Neigungsgruppe einsetzen. Daher sind Überschneidungen mit dem folgenden Kapitel "Neigungsgruppen & Workshops" nicht zu vermeiden, obwohl sich dieses stärker auf Freizeiten und Lager bezieht.

Armbänder
von Friederike Hogrebe

QUICK-JUMP
3072

Alter:	ab 6 Jahre	**Dauer:**	ab 20 Minuten
Anzahl:	beliebig	**Einordnung:**	Schmuck
Ort:	beliebig		

Material:
beliebige Wolle (am besten eignet sich glatter Baumwollfaden oder Stickgarn) in möglichst zwei Farben gleicher Qualität (besonders schön ist marmoriertes Garn)

Beschreibung:
Drei Wollstücke à 1 Meter Länge pro Kind zurecht schneiden. Die Fäden zusammennehmen und in der Mitte eine Schlaufe binden und diese mit einem Knoten fixieren. Einen Faden aufnehmen, die restlichen hängen lassen (dabei hält man entweder die ganze Zeit die Schlaufe fest, was sehr schwierig bis fast unmöglich ist, oder man klebt sie mit Tesafilm an der Tischplatte fest oder noch besser man befestigt die Schlaufe mit einer Sicherheitsnadel am Hosenbein des Kindes). Den Faden in einem Bogen über die anderen legen und dann durch das "Loch" hindurchführen und festziehen.
Ist die gewünschte Länge erreicht, flechtet man die Fadenenden zu zwei Zöpfen, die man nun mit der Schlaufe gut als Verschluss verwenden kann und kürzt sie auf die gewünschte Länge.

Buch binden
von Christian Mehler

QUICK-JUMP
2632

Alter:	ab 9 Jahre	**Dauer:**	ab 20 Minuten
Anzahl:	beliebig	**Einordnung:**	Praktisches für die
Ort:	beliebig		Orga

Material:
Nadel, Faden und natürlich Blätter, die das Buch ergeben sollen

Intention:
Nachdem wir sonst immmer häufig unser Standard-Liederbuch für Freizeiten kopiert haben (über 60 A5-Seiten), haben wir uns dieses Mal überlegt eine abgespeckte Version nur zu kopieren, da ja meist nur bestimmte, wenige Lieder gesungen werden. Somit haben wir uns auf 15 Lieder geeinigt, die ohne Probleme auf 4 A4-Seiten so angeordnet werden, dass nachher ein A5-Heft entsteht.
Doch wie die Seiten zusammenbekommen?

Beschreibung:
Die Papiere in der Mitte falten, so dass man auf die A5-Größe kommt. Das Ganze wieder auffalten und mit der Nadel in dem Knick 4 Löcher mit ca. 1 cm Abstand ungefähr in der Mitte des Blattes (von innen) machen.
Nun Faden in die Nadel einfädeln, das Ende verknoten und durch das 1. Loch von innen nach außen. Durch das 2. Loch von außen nach innen. Durch das 3. wieder von innen nach außen und durch das 4. wieder von außen nach innen. Nun das Ganze

noch verknoten und fertig ist das Heft.

Bemerkung:
Für 40 Hefte hat es mich 1 Stunde und 10 Minuten gekostet, die Hefte so zu "binden". Interessant wird das Ganze auch, wenn man nicht einfarbigen, sondern mehrfarbigen Faden benutzt. Natürlich geht das Ganze nur bis zu einer bestimmten Blattstärke, danach bricht wohl eher die Nadel oder der Finger - je nachdem.

Edle Tischdeko
von Diana Schulz

QUICK-JUMP
3500

Alter:	ab 10 Jahre	**Dauer:**	mehr als ein Tag
Anzahl:	beliebig	**Einordnung:**	Dekorationsidee für
Ort:	kleine Werkstatt		bunte Abende und
			Feste

Material:
Verpackung von Supermarktwürstchen
Gießgips
farbige Spraydose
Kerzen
Reagenzgläschen

Werkzeug:
Bohrmaschine mit versch. Aufsätzen
Heißklebepistole

Vorbereitung:
Die Würstchen aufessen, um an die Verpackung zu kommen. Es sollten Würstchenverpackungen sein, die leicht gebogen und nicht zu breit sind. Diese Form mit Gießmaterial (Gips) ausgießen und gut austrocknen lassen (je nach Gießmaterial bis zu 24 Std).

Beschreibung:
Die gut getrockneten Formen werden "abgestaubt", um eine schöne glatte Oberfläche zu erhalten. Mit der Bohrmaschine werden an der oberen Seite mit breiten/runden Aufsätzen vorsichtig Löcher gebohrt. Die Löcher sollte genauso groß sein, damit das Reagenzgläschen oder/und die dafür vorgesehene Kerze reinpasst.
Ich hatte damals an den äußeren Seiten je ein Loch für das Reagenzglas (Vase) und in der Mitte ein kleines Loch für eine hohe schmale Kerze gebohrt. Wenn die Löcher gebohrt sind, wird das Ganze nochmals sorgfältig abgestaubt, damit die Farbe halten kann und hinterher nicht abbröselt.
Mit der farbigen Spraydose - ich hatte silber, kam sehr edel raus und keiner kam darauf, was ich als Form hatte bzw. dass es selbst gemacht war - wird die ganze Form eingesprüht (auch die Unterseite, wenn es oben getrocket ist). Auch hier wieder mind. 24 Std durchtrocknen lassen.
Danach mit der Heißklebepistole die Reagenzgläser mit etwas Dekofäden in die Löcher kleben und die Kerze nur mit Wachstropfen in der Mitte befestigen. In die Reagenzgläschen habe ich jeweils eine Blume gestellt.

Im gleichen Verfahren habe ich noch Herzen gegossen und diese auch in silber gehalten. In diese Herzen habe ich eine Klammer mit Draht (bekommt man in jedem Bastelgeschäft, das sind so Klammern, um Bilder daran zu befestigen) eingeklebt und an jeden Teller mit der Serviette gestellt.

Fackeln sebstgemacht
von David Buro

QUICK-JUMP
3224

Alter:	ab 8 Jahre	**Dauer:**	ab 90 Minuten
Anzahl:	ab 12 Teilnehmer	**Einordnung:**	Basteln als Grundlage
Ort:	beliebig		für eine Nachtaktion

Grundmaterial:
- Zeitungspapier (Tageszeitung)
- Kerzenwachsreste
- Hanf-Kordel (Paketschnur) mit 4 mm Durchmesser (dickere gedrehte Seile können in einzelne Kardelen zerlegt werden).

> *Achtung: Nur Naturseil benutzen wie Hanf, Bast, Baumwolle etc.!*
> Kunstseile wie Nylon oder Spleitex leiten den flüssigen Wachs beim Brennen nicht wie ein Docht zur Flamme, sondern verschmelzen nur und fangen selber an zu brennen. Dann fangen sie an zu tropfen und das gibt böse Brandwunden und Flecken auf der Kleidung (wie bei Heißklebepistolen).

Hilfsmaterial:
- mehrere Blechdosen (870 ml-Gemüsedosen)
- einen Gasbrenner oder eine Heizplatte
- mehrere Pinsel (mittelgroße Borstenpinsel)
- einen großen Pappkarton ca. 80x80x40 cm

Beschreibung:
Zunächst werden drei bis vier Lagen Zeitungspapier zu einer Rolle gedreht. Durchmesser ca. 3 bis 4 cm und so lang wie die Zeitung hoch ist. Das Seil in ca. 2 Meter lange Stücke schneiden. Kürzere Stücke können zu längeren verknotet werden. Dann beginnen wir von oben das Hanfseil um die Rolle zu wickeln. Wir lassen oben immer ca. 5 cm Schnur und ca. 2 cm Zeitung herausragen, um dort die Fackel später zu entzünden. Die einzelnen Wicklungen dicht beieinander legen und nicht zu locker wickeln. Unten lassen wir etwa 15 cm Zeitung zum Anfassen übrig und machen in das Seil einen Knoten, damit es sich nicht wieder abrollt.
In der Zwischenzeit wird Wachs geschmolzen. Wir legen eine Dose mit 0,5 l flüssigem Wachs in die Mitte des Pappkartons. Jetzt können vier Kinder um den Karton herumstehen und im Karton mit den Pinseln ihre Fackeln bestreichen. Durch den Karton spritzt das Wachs beim Pinseln nicht in der Gegend herum. Wachsspritzer können vom Karton abgemacht und wieder eingeschmolzen werden.
Zunächst ist das Wachs noch sehr flüssig. Das ist ideal, damit sich das Seil richtig vollsaugen kann. Also langsam nur den Pinsel ins flüssige Wachs tauchen und die Fackeln betupfen. Mit der Zeit kühlt der Wachs ab und wird zäh wie Honig. In dieser

Phase kann man die Fackel großflächig bestreichen und eine dicke Wachsschicht um das Seil legen. Ist die Dose leer, legen wir die nächste Dose Wachs hinein, die in der Zwischenzeit geschmolzen wurden. Am Ende ist die Fackel etwa 4-6 cm dick und das Seil nicht mehr zu sehen.

Wer es besonders gut machen will, kann jetzt noch eine zweite Seil- und Wachs-Schicht auftragen. (Brennt länger, ist aber schwerer beim Tragen).

Nicht vergessen: Die 5 cm langen Seil oben an der Spitze einzuwachsen. Wir tauchen es dazu einfach kurz in die Wachsdose.

Wer will, kann sich noch einen 12 cm Pappteller mit Loch in der Mitte ausschneiden und ihn unten durchstecken als Tropfschutz für die Hand. Nach unseren Erfahrungen mit diesen Fackeln ist dies aber nicht nötig!

Hängende Gärten
von Clarissa Orf

QUICK-JUMP
3375

Alter:	ab 6 Jahre	**Dauer:**	30 Minuten
Anzahl:	beliebig	**Einordnung:**	nützliche Idee für die Küche oder zur Dekoration
Ort:	beliebig		

Beschreibung:
Durch den Schwamm wird ein Loch gemacht, sodass man die Schnur durchziehen und befestigen kann. Jetzt wird der Schwamm nass gemacht und wieder ausgewrungen. Die Pflanzensamen werden in die Löcher des Schwammes gedrückt. Der Schwamm kann nun aufgehängt werden (am besten im Fenster, da dort die Sonne am meisten scheint). Täglich muss der Hängegarten besprüht werden, dann wachsen nach ca. zwei Wochen Blumen und Blätter aus dem Schwamm.

Material:
- ein (oder mehrere) Schwämme
- Schnur
- Samen (z. B. Kleesamen, Grassamen, Leinsamen, Gerstensamen)
- Sprühflasche

Klammertiere
von Cornelia Steinmann

QUICK-JUMP
657

Alter:	ab 7 Jahre	**Dauer:**	ca. 15 Minuten pro Klammer (gesamt ca. 2 Stunden)
Anzahl:	beliebig		
Ort:	beliebig	**Einordnung:**	Dekorationsidee

Material:
Wäscheklammern aus Holz
Deckfarben
Lack
Alleskleber
im Backofen härtbare Knetmasse (z.B. Fimo)
Zeitungen zum Abdecken
evtl. Magnete

Zum Verzieren nach Belieben:
Pfeifenputzer
Pappe, Papier
Wollreste
leere Schneckenhäuschen
Stoff- oder Filzreste
etc.

Beschreibung:
Bemalt die Klammern in der gewünschten Grundfarbe (z.B. Rosa für Schweine, Braun für Hunde etc.). Für mehrfarbige Tiere (z.B. eine Giraffe) erst grundieren, trocknen lassen und dann Flecken auftragen.

Augen und Füße aus Knetmasse formen und nach dem Backen ankleben. Schwänze (z.B. für das Schweinchen) macht ihr aus Pfeifenputzern. Aus Pappe und Papier könnt ihr z.B. Flügel oder Kämme (Krokodil) herstellen, aus Wollresten einen Pferdeschwanz und eine Mähne etc.

Ihr könnt natürlich auch Köpfe aus buntem Papier oder Moosgummi ausschneiden, Augen aufmalen und so auf die Knetmasse verzichten.

Zum Schluss könnt ihr die Tiere lackieren. Wenn sie getrocknet sind, halten sie all die Zettel und Zettelchen zusammen, die man schon lange mal ordnen wollte.

Unten auf die Klammertiere könnt ihr auch ein paar kleine Magnete kleben, dann könnt ihr die Tiere an den Kühlschrank hängen (ein paar Magnete deshalb, damit sich die Tierchen überhaupt am Kühlschrank halten können). Wenn ihr Magnete anklebt, müsst ihr darauf achten, dass auch die Füße nicht in die Quere kommen, also am besten weglassen.

Hinweis:
Da ihr immer wieder Teile trocken lassen oder backen müsst, baut ihr diese Bastelei am besten in eine 2-3 stündige Gruppenstunde ein und füllt die Pausen dazwischen mit Spielen etc. Natürlich können die Kinder auch zwei, drei Tiere gleichzeitig basteln.

Malen mit Gummibärchen
von Irene Rindlisbache

QUICK-JUMP
171

Alter:	ab 7 Jahre	**Dauer:**	ab 30 Minuten
Anzahl:	beliebig	**Einordnung:**	interessante
Ort:	beliebig		Gestaltungstechnik

Material:
zwei bis drei Packungen Gummibärchen für zehn Teilnehmer
Lebensmittelfarbe
Bilderrahmen

Beschreibung:
Wir haben für zehn Kinder und drei Leiter drei Packungen Gummibärchen gekauft und etwas Lebensmittelfarbe, um intensivere Farben herzustellen. Man muss die Gummibärchen nach Farben sortieren und in einer Pfanne schmelzen (man kann einen Schluck Wasser dazu geben und bei Bedarf etwas Lebensmittelfarbe) und wenn

es flüssig genug ist, kann die Malerei beginnen. Die Kinder können dann auf Bilderrahmen malen, damit sie die Gummibärchenbilder auch gleich zu Hause aufhängen konnten. Zusätzlich haben wir etwas Farbe in unseren Raum gebracht, indem wir die Fenster beschrifteten und bemalten. Man muss nur darauf achten, dass die Masse zum Malen immer schön flüssig ist (also warm bleibt). Auf Glas geht es am besten. Wenn man es mal putzen will, muss man nur einen nassen Lumpen nehmen (am besten mit warmem Wasser).

Die Kinder hatten richtig Spaß, während dem Malen schleckten sie ab und zu etwas flüssige Gummibärchen. Es war wirklich eine super Gruppenstunde, ohne große oder aufwendige Vorbereitung. Ich kann es nur weiterempfehlen!

Praxis-Tipp für die Zeit ohne Teilnehmer von Jan-Thorsten Tiffe
Mein Tipp für erwachsene Leiter: Macht euch Alk-Bärchen. Lecker! Wie gewohnt die Gummibärchen schmelzen. Anstatt des Schusses Wasser bei gelb 1-2-3 Schuss Tequilla, bei rot Wodka und bei grün Gin. In Formen geben und abkühlen lassen et voila ein Lecker-Schmecker.

Sand färben
von Beatrix Mühl

QUICK-JUMP
437

Alter: ab 6 Jahre
Anzahl: beliebig
Ort: beliebig

Dauer: ab 45 Minuten
Einordnung: tolle Dekorationsidee

Material:
Sand vom Strand oder Vogelsand
Gläser mit Schraubverschluss
Joghurtbecher
Wasserfarben
Folie
Zahnstocher

Vorbereitung:
leere Gläser sammeln (Babynahrung, Marmelade, …)

Beschreibung:
Vom Strand Sand mitnehmen und diesen sieben oder Vogelsand verwenden. In den Joghurtbechern (höchstens halb voll) Wasser kräftig mit (möglichst dunkler) Wasserfarbe einfärben. Sand in die Becher geben und gut umrühren. Der Sand nimmt dabei die Farbe des Wassers an.

Den gefärbten Sand nach Farben getrennt auf der Folie ausbreiten und einige Tage trocknen lassen (in der Sonne oder im Haus). Den trockenen Sand schichtweise in die Gläser einfüllen und diese verschließen. Mit Hilfe von Zahnstochern kann man am Rand des Glases noch Figuren gestalten.

WORKSHOPS
NEIGUNGSGRUPPEN, LAGERBAUTEN

Es ist ganz von Deinem Veranstalter abhängig, wie Du die folgenden Programmideen nennst. Wichtig ist dabei eigentlich nur die Definition dieser Programmideen:
- Länge von min. 1 Stunde bis max. 3 Stunden
- nur mit einem Teil der Gesamtgruppe
- freiwillige Auswahl durch die Kinder (also verschiedene Alternativen)

Programmideen, die diese drei Punkte erfüllen, werden "Interessengruppe", "Neigungsgruppe" oder auch "Workshop" genannt. Eine weitgehende Unterscheidung zwischen den Begriffen konnte für die deutschprachige Kinder- und Jugendarbeit nicht festgestellt werden (vgl. Quick-Jump 3404). Es sind Synonyme, die auch Dir bei Aktionen, bei Wochenendfahrten und auf Freizeiten und Lagern begegnen werden. Das Schwierige dabei ist meist nicht, die Workshops durchzuführen, sondern vorher eine Auswahl zu schaffen, in der alle Teilnehmer sich für einen Workshop begeistert entscheiden können. Und dann sollte auch noch kein Workshop dabei überfüllt oder stark unterbesetzt sein.

Normalerweise findet an den ersten Lagertagen ein Workshopblock statt, in diesem geht es um die Einstimmung auf das Thema bzw. Motto: Lagerbauten wie beispielsweise Eingangstore, kleine Schiffe, Badezauberzelte, Backöfen, kleine Hütten, Glockenturm, Straßenbeleuchtung entstehen, gleichzeitig wird die Lagerfahne gemalt und die zum Thema passende Kleidung gebastelt (Schuhe, Umhang, Kopfschmuck, Bändchen). Der große Vorteil hierbei ist nicht nur, dass die Kinder mit Spaß dabei sind, sondern danach der Platz und die Teilnehmer passend zum jeweiligen Thema erstrahlen.

Viele weitere Neigungsgruppen, Workshops und Lagerbauten findet man in dem Buch "Workshops & Neigungsgruppen. Mit Workshops & Neigungsgruppen Kinder- und Jugendarbeit sinnvoll gestalten" von uns. Dieses Buch kann in jeder Buchhandlung und unter www.gruppenstunden-shop.de bestellt werden.

"Extreme Bachbiebering"
von Stefan Maier

QUICK-JUMP
3324

Alter:	ab 7 Jahre	**Betreuer:**	2
Anzahl:	beliebig	**Dauer:**	ab 60 Minuten
Ort:	Bach oder kleiner Fluss	**Einordnung:**	naturreiche Beschäftigungsidee

Bei uns eine sehr beliebte Neigungsgruppe ist das "Extreme Bachbiebering". Dafür gibt es eine wichtige Voraussetzung: In der Nähe des Lagers muss ein Bach verlaufen. Dieser sollte auf keinen Fall zu tief (flacher als Gummistiefel) oder zu schnell sein, aber auch nicht zu klein und zugewachsen, also gut begehbar. (Am besten geht es bei einem mittleren Gebirgsbach in der Schweiz).

Die Neigungsgruppe versucht dann zusammen mit min. einem Leiter im Bach so weit wie möglich zu laufen. Gummistiefel sind natürlich Pflicht - sind bei uns immer dabei, da wir meist an einem kleinen Bächle sind!

Damit die ganze Sache noch etwas spannender wird, kann der Leiter sich noch "abenteuerlich" verkleiden: mit Hut und einem langen Seil um den Oberkörper.

Wie weit man dabei kommt, hängt selbst verständlich vom Bach ab, aber man sollte auf keinen Fall ein zu großes Risiko eingehen. Dennoch werden die Kinder dabei selbstverständlich etwas (bis etwas mehr) nass, also auf warmes Wetter achten! Den Kindern (und auch mir) macht es auf jedenfall einen heiden Spass!

Koreaofen bauen
von Cornelia Steinmann

QUICK-JUMP
483

Alter:	ab 9 Jahre	**Betreuer:**	2
Anzahl:	bis zu 10 Teilnehmer	**Dauer:**	ab 2 Stunden
Ort:	Hang	**Einordnung:**	Bauidee für ein "anderes" Kochen

Material:
Fass aus Metall, wenn möglich mit Deckel
(Achtung: Darf vorher keine giftigen Stoffe enthalten haben)
Rohr für Kamin
Spaten und Schaufeln
Blech oder Rost, das in das Fass passt
Steine verschiedenster Größe (die vorher nicht lange im Wasser gelegen haben, da sie sonst zerspringen können)

Beschreibung:
Eine Feuergrube ausheben, am besten an einem leichten Hang. Achtung: Die Erde nicht zerstreuen, die braucht ihr noch. Am Rand der Grube Steine aufschichten und darauf das Fass setzen. In dieser Grube macht ihr später Feuer, macht sie also nicht zu klein. Die Größe hängt von der Größe des Fasses ab. Das Rohr setzt ihr hinter das Fass, so dass es bis hinunter in die Feuergrube reicht. Fixiert das Rohr mit Steinen und Erde. Wenn ihr kein Rohr habt, könnt ihr auch mit Steinen einen Kamin bauen. Das braucht etwas mehr Platz und Zeit, der Kamin ist aber wichtig, sonst brennt das Feuer nicht. Um das Fass und darüber, schichtet ihr Steine auf, damit die Hitze um das Fass

zirkulieren kann. Darüber gebt ihr Erde als Isolation.
Verschließt den Ofen zum Backen mit dem Fassdeckel
(oder einem Blech oder einer Steinplatte). Achtung
heiß!
Pizza, Plätzchen und Brot lassen sich in so einem
Ofen gut backen. Die Backzeit hängt von eurer
Isolation, der Feuergröße etc. ab. Ihr müsst also
öfters mal nach dem Backgut schauen.
Bevor ihr mit dem Backen beginnt, müsst ihr den
Ofen natürlich vorheizen, wie einen normalen Ofen
auch.

Wichtig:
Fragt um Erlaubnis, bevor ihr irgendwo ein Loch
grabt. Wenn es sich um einen Platz mit Gras handelt,
so stecht vor dem Graben Grasziegel aus und legt sie
beiseite. Wenn ihr den Koreaofen wieder abbaut,
könnt ihr dann das Loch wieder zuschütten und die Narbe mit den Grasziegeln
schließen. Falls der Ofen länger stehen bleibt (zum Beispiel für ein Lager etc.) solltet
ihr die Ziegel in den Schatten legen und von Zeit zu Zeit gießen.

Weitere Ofenbauanleitungen
Acht Anleitungen für andere Öfen, die man auf einem Lager leicht bauen und
einsetzen kann, und über 50 Rezepte findest Du in "Die Jugendleiter-Küche. 1.
Erweiterung: Backen", bestellbar unter www.gruppenstunden-shop.de.

Kräutergarten für das Lager
von Christian Mehler

QUICK-JUMP
3396

Alter:	ab 6 Jahre	**Betreuer:**	1
Anzahl:	5 bis 20 Teilnehmer	**Dauer:**	2 Stunden
Ort:	im Freien	**Einordnung:**	Neigungsgruppe für die Küche

Material:
- Kräutersamen (z.B. Kresse)
- Erde und Gefäße für diese (Blumentopf, alte Kochtöpfe, etc.) oder wie in Hängende
  Gärten (Seite 44)
- Farbe, diverse Verziehrutensilien

Zu beachten:
Das Lager sollte wenigstens 14-tägig sein. Kresse kann man zwar schon nach 7 Tagen
ernten (wenn das Wetter halbwegs mitspielt), aber andere Kräuter brauchen teilweise
auch länger. Die Pflege der Kräuter sollte am besten noch dem Küchendienst
überantwortet werden.

Beschreibung:
Erde in die Gefäße füllen, Löcher in die Erde machen, Kräutersamen-Päckchen
aufreißen, Samen in die Löcher füllen und begießen. Dazu kann man noch

Zahnstocher-Schildchen machen (Zahnstocher mit angeklebten Stück Papier), auf dem steht, was man dort angepflanzt hat. Die Gefäße dürfen dann noch schön verziert werden.

Die ersten Tage ist es etwas langweilig, bis man wirklich sieht, das etwas wächst. Doch dann fiebern die Kids meistens der Freigabe des jeweiligen Krautes durch einen Betreuer entgegen.

Bemerkung/Hinweis:
Die Kids durften bei uns auch morgens und abends zum Kräutergarten gehen und sich dort Kräuter selbstständig für das Butter- bzw. Quarkbrot abschneiden.

Lagerbriefkasten
von Christian Mehler

QUICK-JUMP 3394

Alter:	ab 6 Jahre	**Betreuer:**	1
Anzahl:	max. 10 Teilnehmer	**Dauer:**	ab 2 Stunden
Ort:	beliebig	**Einordnung:**	Bauidee mit echtem Mehrwert

Material:
für Briefkasten aus Karton:
- dicker Karton
- Klebeband
- Schere

für Briefkasten aus Holz:
- Spanplatten
- 2 Schaniere
- Schloss zum Abschließen
- Säge
- Nägel
- Holzleim

Allgemein benötigt man dann noch:
- Farbe
- diverse Utensilien passend zum Lagerthema zum Aufkleben
- Kleber
- ...

Vorbereitung:
Die Größe des Briefkastens planen - je nach Größe des Lagers etwas größer machen, damit auch die ganze Post Platz findet.

Beschreibung:
Den Briefkasten herstellen (die Form dürfte klar sein ;-)) und anschließend mit Farbe und diversen Utensilien zum Aufkleben farbenfroh und auf das Lagerthema zugeschnitten verzieren. Je nach Gegebenheiten kann man den Briefkasten nun aufhängen oder spendiert diesem einen Pfahl.

Dabei muss man drei mögliche Einsatzformen des Briefkastens unterscheiden:

"Lob- & Mecker"-Kasten
In diesen Kasten kann jedes Kind bzw. jeder Betreuer sein Lob und seine Beschwerden werfen. Abends in der Betreuerrunde wird der Briefkasten geöffnet, der Inhalt verlesen und über diesen (und nicht, wer das geschrieben haben könnte!) diskutiert.

Teilnehmer-Briefkasten
Die Teilnehmer können Briefe & Co an andere Teilnehmer schreiben. Morgens in der Lagerrunde wird dieser geöffnet und die Briefe verteilt. Dabei kann es manchmal natürlich zu nicht ganz ernst gemeinten Briefen kommen ...

Posteinwurf-Briefkasten
Der Lagerplatz ist Kilometer vom nächsten Ort entfernt? Dann können die Teilnehmer hier auch ihre Post für den Postverkehr Richtung Heimat einwerfen. Die Lagerleitung (oder wer auch immer an diesem Tag in die Stadt fährt), wirft diese dort ein.

Alles zusammen
Der Briefkasten kann für alle drei vorgestellten Arten genutzt werden.

Lagerfahne malen
von Christian Mehler

QUICK-JUMP
3396

Alter:	ab 6 Jahre	Betreuer:	1
Anzahl:	nach Fahnengröße: 3 bis 20 Teilnehmer	Dauer:	2 Stunden
Ort:	am Besten draußen	Einordnung:	Lagerutensil, das man nicht vergessen sollte

Material:
Papier
Stifte
Bleistift
Altes Bettlacken oder sonstiger Stoff
Regenfeste (also wasserfeste) Farbe
(Holzstab als Fahnenmast)

Vorbereitung:
Bettlaken in die gewünschte Größe schneiden und umnähen.

Beschreibung:
Am Anfang sollen sich die Teilnehmer Gedanken über das Lager (z.B. unter Einfluss des Vereins oder des Mottos) machen und ihre Idee, Vorschläge entweder aufschreiben oder schon auf das Papier malen.
Nach 20 Minuten kann man dann meist schon eine Kreativsitzung machen, in der die Kinder festlegen, was wo auf die Fahne draufkommt ... und in welcher Farbe. Diese Diskussion kann schon langwierig werden und muss vom Betreuer mit etwas Fingerspitzengefühl geleitet werden, denn von jedem Kind sollte wenigstens einer der Vorschläge verwendet werden.
Jetzt geht es an das Malen auf dem Stoff: Die Grundformen werden am Besten mit

Bleistift vorgemalt und anschließend mit Farbe ausgemalt. Danach die Fahne noch an einem "sicheren" Ort trocknen lassen.
Zum Schluss wird die Fahne noch am Fahnenmast (Baumstamm), am Glockenturm oder an einer anderen Stelle befestigt.

Bemerkung/Hinweis:
Das ist einer unserer Standard-Workshops, der meist am ersten Tag im Lager durchgeführt wird. Parallel dazu werden Lagerbauten und Sachen passend zum Thema hergestellt. Wird meist vor allem von Mädchen sehr gerne belegt.

Sonstiges:
Und immer dran denken, wie man die Fahne am besten befestigt, denn die Überfaller wollen diese ja schließlich meist mitnehmen. Und wenn diese die Fahne dabei zerreißen müssen, um wenigstens etwas los zu bekommen, gibt es traurige Gesichter.

Fahnenmast-Idee von Andreas Derksen
Wir hatten beim Weltjugendtag zwar Fahnen aber keinen Mast o.ä. dabei. Wir sind dann einfach in den örtlichen Baumarkt gepilgert und haben die billigste Metall-Gardinenstange genommen, die es gab. Hat wunderbar funktioniert. Einzig das Befestigen der Fahne ist etwas schwieriger, da man nicht einfach mittels gutem Taschenmesser etwas heraussägen kann. Aber eine entsprechende kleine Säge wird wohl jeder Verein irgendwo auftreiben können.

"Straßenlaternen" für den Zeltplatz
von Christian Mehler

QUICK-JUMP
3592

Alter:	ab 10 Jahre	**Betreuer:**	2
Anzahl:	5 bis 15 Teilnehmer	**Dauer:**	1 bis 2 Stunden
Ort:	im Freien/Werkstatt	**Einordnung:**	Bauidee zur allgemeinen "Erleuchtung"

Material:
Sperrholzplatten
Rundholz (ca. 4 cm dick)
Rundholz (ca. 2 cm dick)
Draht
Nägel (lange und kurze)
Leim
Alufolie
Grablichter (keine Teelichter)

Werkzeug:
Säge
Hammer
Drahtschere
Schraubzwingen
Bohrer

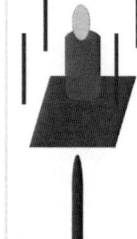

Zu beachten:
Je nach Säge und Bohrer die Bretter nur von einem Betreuer zusägen lassen.

Beschreibung:
Ungefähr 15 x 15 cm große Brettchen aus dem Sperrholz zusägen. Pro Laterne werden dabei zwei dieser Brettchen benötigt. Dazu kommen noch ein ungefähr 75 cm langes Stück des dicken

Rundholzes für den Stab. Jetzt muss man die Höhe der Kerzen messen. In dieser Höhe plus zusätzliche 2 bis 3 cm pro Laterne vier Stücke des dünnen Rundholzes zuschneiden.

Nun der Zusammenbau: Auf das eine Brettchen die vier kleinen Rundölzer (je eins in jede Ecke) nageln und leimen. In einen der Rundstäbe ein Loch bohren. In dieses soll später ein Nagel ohne Gewalt passen. Dieses Brettchen nun auf den dicken Stab (mittig) nageln und leimen (Holzstäbe nach oben).

Nun das zweite Brettchen auf die Brettchen-kleine-Stäbe-Konstruktion legen und an der Stelle des eingebohrten Stabes auch das Brettchen anbohren. Dieses Brettchen nun komplett mit Alufolie umwickeln und auf der dem Loch gegenüberliegenden Ecke annageln. Nun kann dieses Brettchen zum Kerzenaustausch zur Seite geschoben werden und trotzdem durch das Durchstecken eines Nagels durch das Brettchen in den kleinen Stab gesichert werden.

Zur weiteren Sicherheit kann man nun den Platz zwischen den beiden Brettchen noch mit Draht umwickeln. Ebenso können auch noch die kleinen Stäbe sowie die Bodenplatte mit Alufolie umwickelt werden. Wenn man noch den Draht in einige Richtungen mit Alufolie umkleidet, kann man das Licht etwas stärker in eine bestimmte Richtung lenken.

Bemerkung/Hinweis:
Eigentlich ist das Ergebnis eines meiner liebsten. Der Zeltplatz erstrahlt, wenn man die Laternen halbwegs gut verteilt, in einem echt schönen Licht und das Ganze ist auch noch sicher. Natürlich lässt sich das Ergebnis nicht mit elektrischen Lampen vergleichen, aber zum Erhellen der wichtigsten Wege und Abschnitte eines Platzes reicht es auf jeden Fall.

Wutbälle basteln
von Susanne Schmitt

QUICK-JUMP
882

Alter:	ab 6 Jahre	**Betreuer:**	2	
Anzahl:	beliebig	**Dauer:**	ab 1 Stunde	
Ort:	beliebig	**Einordnung:**	zum Abreagieren und für die Jonglage	

Beschreibung:
Zuerst nimmt man einen Luftballon und füllt über den Trichter so viel Gries/Mehl in den Luftballon, die der gewünschten Größe des Wutballs entspricht. Man muss schon ein wenig an dem Lufballon ziehen - am besten

Material:
pro Wutball 3-4 Luftballons
Gries, Mehl, Reis oder Vogelsand
Trichter zum Befüllen

paarweise machen, damit er etwas größer wird. Nun den Luftballon zuknoten und den restlichen "Lufballonhals" abschneiden. Nun einem weiteren Luftballon den Hals abschneiden und über den bereits entstandenen Ball drüberstreifen. Dies noch mit einem bzw. zwei Luftballons wiederholen. Nun kann man den Wutball bei Bedarf gegen die Wand oder sonst wohin werfen, um sich abzureagieren oder eben den Jonglagekurs im Anschluss zu besuchen.

Bemerkung/Hinweis:
Man kann den fertigen Ball auch noch mit Eddings ein Gesicht aufmalen, und aus ein paar Wollfäden ein paar Haare zaubern.

ALLERLEI
EINBLICKE IN DIE MÖGLICHKEITEN

Natürlich beschränkt sich die Kinder- und Jugendarbeit nicht nur auf Spiele, Basteln und Workshops. Doch viel mehr Kapitel passen nicht mehr in dieses Buch und würden auch einfach zu kurz abgehandelt werden. Daher gibt es hier zum Schluss nur noch Einblicke in andere Themengebiete in der Kinder- und Jugendarbeit:
- Feedbackmethoden
- Feiern & Feste
- Getränke und Cocktails
- Gruppenstunden
- Lagerfeuerrezepte
- Themen/Mottos für Freizeiten und Lager

Natürlich kann man auch Ideen aus diesem Kapitel als Workshop (eventuell mit kleinen Veränderungen) einsetzen. Wer mehr Ideen, Anregungen und Informationen zu den einzelnen oder auch zu weiteren Gebieten der Kinder- und Jugendarbeit haben möchte, kann sich online unter www.grik.de durch über 13.500 Beiträge klicken.

Auswertungspizza
von Stephie Wertz

QUICK-JUMP
1812

Am Ende eines Lagers, oder am Ende eines Tages, kann man mit den Kindern kleine Auswertungsspiele machen. Diese tragen dazu bei, dass die Kinder sich den Tag oder das Lager noch einmal genau durch den Kopf gehen lassen: Was hat mir gefallen? Was hat mir nicht gefallen? Und was müssen die Betreuer nächstes Mal anders machen?

Wir haben auf unserem Lager jeden Abend eine Viertelstunde Tagesauswertung mit den Kindern. Dort bekommen sie die Möglichkeit, nochmal über alles Geschehene zu reden. Dies kann auch für die Leiter sehr nützlich sein. Bei großen Kindergruppen kann man kleine Untergruppen schaffen, damit es nicht zum Chaos führt.

Die Pizza
Jedes Kind bekommt eine Pizza (aus Papier). Dann erhält jeder mehrere kleine Schablonen mit Pilzen, Ananas, Salami, Oliven, ...
Pilze stehen für die Spiele, Ananas stehen für die Motivation der Kinder unter sich (Gruppengefühl), Salamis stehen für die Essensqualität, Oliven stehen für die gefühlte Motivation der Leiter. Nun können sie die Pizza nach Belieben bekleben. Je mehr sie von einer Sorte auf die Pizza kleben, desto besser ist das Ergebnis. Am Ende kann dann jedes Kind nochmal seine Entscheidung erläutern.

Bunter Abend
von Stephan Köninger

QUICK-JUMP
1603

Wir haben vor etwas längerer Zeit die Anfrage unserer Jugendgruppe bekommen, ob nicht einmal ein Bunter Abend geplant oder durchgeführt werden könne. Wir haben dann dies im Leitungsteam der Messdiener besprochen und folgendes Konzept für den Abend (von 16.30 bis ca. 21.00 Uhr) aufgestellt:

1. Spielen von Gesellschaftsspielen (Förderung des Gemeinschaftsgefühls)
2. Vorbereiten vom Abendessen, Leiter machen Pizzateig und bereiten alles vor. Danach können die Teilnehmer sich ihr Stück Pizza selbst belegen (Thunfisch, Zwiebeln, Paprika, ...)
3. Während der Vorabendmesse wird der Ofen vorgeheizt und kurz vor Messende die Pizza hineingeschoben
4. Nach der Messe wird gemeinsam zu Abend gegessen
5. Der eigentliche Teil des Abends wird durchgeführt: Die von den Kleinen vorbereiteten Sketche, Tänze, Choreographien... die sie in den Gruppenstunden vorher erstellt haben, werden aufgeführt oder gespielt.
6. Gemeinsame kurze Abschlussrunde mit Reflexion und Meinungsäußerung.

> **Praxis-Tipp von Theresia Palenta**
> Diese Art von Abenden haben wir immer zum Abschluss unserer Fahrt gemacht. Vor allem hatte man den ganzen Tag Zeit, um sich Sketche oder kleine Theaterstücke auszudenken. Es ist sehr interessant wie kreativ Kinder sein können, so wurde z.B. schon Herzblatt nachgespielt. Aber es ist auf jeden Fall immer ein schöner Abschluss.

Buttermilchschnaps

QUICK-JUMP
933

von Susanne Schmitt

Nur für die Betreuer, wenn die Teilnehmer gegangen sind.

Zutaten:
Für ca. einen Liter braucht man:
100 g Sahne
250 ml Mulivitaminbuttermilch
400 ml Maracujasaft
70 g Zucker
1 Prise Vanillezucker
120 ml weißer Rum
120 ml Pfirsichlikör

Material:
große Schüssel
Mixer
verschließbare Flaschen zum Abfüllen (z.B. PET)

Zubereitung:
Die Schlagsahne leicht schlagen, aber nicht so viel, dass sie ganz steif ist! Den Zucker unterrühren. Nun die restlichen Zutaten hinzufügen, kurz verquirlen, abfüllen und kühl stellen. Vor dem Trinken gut durchschütteln.
Viel Spaß beim Ausprobieren!

Bemerkung:
Als Geschenk kann man noch ein Etikett für die Flasche selbst drucken und mit selbstklebender Folie auf die Flasche, den Kanister etc. kleben. Kommt auf jeder Party auch als Mitbringsel immer gut an und findet reißenden Absatz. Ist außerdem super lecker!

Cocktails für Kinder und Jugendliche

QUICK-JUMP
622

von Nadine Blum

Ich habe hier eine kleine Zusammenfassung von unseren erprobten Cocktails für Kinder und Jugendliche zusammengestellt. Wir haben dies auf verschiedenen Veranstaltungen bereits verkauft und bei Festen in unserer Gruppe gemacht. Die angegebenen Cocktails sind schön bunt und süß, weshalb vor allem Kinder total begeistert sind. Die Zutaten sind relativ gleich, damit man sich einige aussuchen kann und nicht zu viele verschiedene Sorten benötigt.

Caribbean Fruitpunch
2cl Blue Curacao
2cl Limette
2cl Zitronensaft
6cl Maracujasaft
6cl Ananassaft

Swimming Pool
2cl Blue Curacao
2cl Kokos
2cl Sahne
14cl Ananassaft

Baby Pina Colada
4cl Kokos
2cl Sahne
16cl Ananassaft

Rubino
1cl Grenadine
10cl Traubensaft
1cl Johannisbeersaft

Pussy Foot
2cl Grenadine
6cl Ananassaft
6cl Orangensaft
6cl Grapefruitsaft

Alice
2cl Grenadine
2cl Sahne
8cl Orangensaft
8cl Ananassaft

Sundowner
2cl Blue Curacao
3cl Kokos
4cl Orangensaft
8cl Maracujanektar

Virgin Colada
8cl Ananassaft
8cl Orangensaft
2cl Kokos

Apfelpunsch (von Ludwig Koller)
1 l Apfelsaft
1-2 Äpfel (mit Schale würfeln)
0,25 l Orangensaft
1 ausgepresste Zitrone
0,25 l Apfel-Zitronen-Tee
Zimt
Nelken
Vanilleschote

Die Zutaten langsam erwärmen, einmal kurz aufkochen lassen, dann noch 5-10 Minuten ziehen lassen.

Verlorene Kirsche (von Ludwig Koller)
1 Flasche Grapefruitsaft
0,5 Sodawasserflasche
Schlagsahne
Cocktailkirschen
gestoßenes Eis

Das gestoßene Eis in ein Glas geben, Grapefruitsaft und Soda hinzufügen, eine Haube aus Schlagsahne aufsetzen und mit einer Cocktailkirsche garnieren (Strohhalm und Löffel/Barspieße sollten bereitstehen).

Möhrenmilch (von Ludwig Koller)
2 Möhren
0,5 l Milch
Zucker oder Honig und Zitronensaft

Die in Stücke geschnittenen Möhren mit etwas Milch mixen, um ein Püree zu erhalten. Dann die restliche Milch und die anderen Zutaten hinzufügen.

Fruit Punch (von Ludwig Koller)
1 cl Zitronensaft
5 cl Orangensaft
5 cl Ananassaft
1 Spritzer Grenadine
1 Kirsche mit Stiel
Eis in Würfeln

Weitere Rezepte findet man online beim Artikel und in dem im Buchhandel bestellbaren Buch "Die Jugendleiter-Küche. Küchenbulle im Lager und auf Freizeiten" (ISBN 978-3-8334-9534-2).

Detektivdisco

QUICK-JUMP
1398

von Nicola Strobel

Eine Themendisco ist immer gut und da wir auf unserer letzten Freizeit das Thema Detektive hatten, hat diese gepasst.
Den Raum sollte man abdunkeln und mit Girlanden und Luftballons schmücken. Außerdem sollte man aus Tonkarton "?" ausschneiden und etwas versteckt aufhängen, bzw. hinlegen. Alle Teilnehmer sollen detektivisch verkleidet kommen (mit Hut, Mantel,Sonnenbrille).
Nun zu den Spielen:

Luftballontanz:
Ballons zwischen Bauch, Hintern, Kopf klemmen und tanzen.

Fragezeichen suchen:
Wer findet die meisten Fragezeichen im Raum?

Licht folgen:
Jemand fährt mit einer Taschenlampe an der Decke entlang, alle sollen rhythmisch zur Musik dem Fleck folgen.

Spielekartenweitergabe:
Die Kinder müssen Spielekarten (mit Früchten wie Erdbeeren, Äpfel,...) geheim weitergeben. Wenn die Musik stoppt, müssen alle "Erdbeeren", "Äpfel", ... sich suchen.

Limbotanz
(Ist Dir wohl klar, was hier gemacht wird ...)

Gemeinsamer Tanz zum Abschluss:
Beispielsweise PataPata oder Macarena

Einstieg für das neue Jahr

QUICK-JUMP
3518

von Hannah Schaefer
Sucht euch eine schöne ruhige Meditationsmusik oder ähnliches heraus. Es ist besser, wenn ihr den Text vorher zur Musik gelesen habt, da ihr dann besser mit den Pausen umgehen könnt.
Ich habe diese Phantasiereise selbst geschrieben und heute in der Ministunde gemacht. Es hat gut funktioniert und ist super angekommen! Wir waren heute ausnahmsweise mal weniger als sonst und das war auch gut, denn mit mehr als 15 Personen kann man keine Konzentration aufbauen, da es immer Unruhige gibt.

Setz dich hin und mach es dir bequem. Schließe jetzt deine Augen. Atme tief ein und ganz langsam wieder aus.Wenn du willst, kannst du auch eine Hand auf deinen Bauch legen. Du spürst, wie er sich senkt und hebt. Fühl dich selbst, deine Hände, deine Arme, deine Beine , deine Füße, wie dein Herz schlägt.
Du befindest dich auf einem Dachboden. Du hast ein Fotoalbum von dir gefunden. In dem Fotoalbum sind Bilder von deinen Erlebnissen des letzten Jahres. Du, mit deiner

Familie, deinen Freunden. Im Urlaub oder bei Veranstaltungen. Erlebnisse, die sehr schön waren ... Traurige, aber auch lustige. Vielleicht gab es Momente, in denen du in die Luft hättest springen oder auch im Erdboden versinken können. Deine Gedanken schweifen ab, weit weg von hier. Du fliegst ... Wie ein Vogel. Raus aus der Kälte, über dein Haus, über Wälder, Seen und Meere. Du gleitest dahin. Deine Flügel verwandeln sich in Flossen. Du bist im Wasser und schwimmst wie ein Delphin. Ans Ufer, an den Strand. Du wirst wieder du selbst, lässt den warmen Sand durch deine Finger rieseln und das Meer um deine Beine kräuseln. Das Meer rauscht in deinen Ohren. Du malst Bilder in den nassen Sand ... Erinnerungen ... Du schwimmst wieder, tauchst in eine Welle und schwimmst zum Meeresgrund. Dort unten siehst du viele Fische in allen Größen und Farben, in Schwärmen oder einzeln. Du schaust hoch zur Wasseroberfläche und siehst wie ein Schwarm Delphine über dich hinweggleitet. Du tauchst wieder an die Wasseroberfläche zurück und gehst am Strand entlang. Du riechst den salzigen Geruch des Meeres und siehst seine unendliche Weite. Die Palmen rauschen im Wind und eine Kokosnuss fällt neben dir in den weichen Sand. Aus deinem Gehen wird ein Laufen. Du läufst immer schneller und schneller am Strand entlang und das Wasser spritzt an dir hoch. Du hebst ab und hast wieder Flügel. Mit sanften Zügen steigst du immer höher und verlässt diesen Ort. Mit einer neuen Erinnerung. Alles um dich herum dreht sich. Jetzt bist du wieder auf dem Dachboden, vor deinem Fotoalbum. Du hast es ganz durchgeblättert. Die letzte Seite ist leer... Platz für neue Bilder.

Wird das neue Jahr ein schönes Jahr für mich? Was habe ich mir vorgenommen?

Wenn du willst, kannst du noch ein bisschen deinen Gedanken nachhängen und der Musik zuhören ...

Atme noch einmal tief ein und aus. Öffne langsam deine Augen wieder und kehre zurück in die Wirklichkeit, das Jahr (2008) hat begonnen.

Fünf-Finger-Reflexion
von Daniel Esser

QUICK-JUMP
2309

Reflexionsmethode, bei der reihum jeder Teilnehmer mit Hilfe seiner Hand refelktiert. Dabei hat jeder Finger der Hand eine Bedeutung. Gestartet wird mit dem Daumen.

Daumen:	Das war super!
Zeigefinger:	Das hab ich gelernt!
Mittelfinger:	Das war Scheiße!
Ringfinger:	So hab ich mich in der Gruppe gefühlt!
kleiner Finger:	Das kam zu kurz!

Themen/Mottos für Freizeiten und Lager

im Gruppenstunden-Ideen-Katalog zusammengesucht

Die folgende Liste gibt Themen bzw. Mottos von Freizeiten und Lagern wieder, die in "Grik.de - Ideen für die Kinder- und Jugendarbeit" unter www.grik.de bereits erwähnt wurden. Themen mit einem Code, dem Quick-Jump, dahinter, sind online anhand eines oder mehrerer Artikel ausführlicher erklärt. Der Umgang mit den Quick-Jumps wird auf Seite 5 erläutert. Die hier vorgestellten Themen und die Artikel können eine gute Anregung und Ideenbörse für Deine Lagermottos sein.

Ägypten
Asien
Asterix und Obelix (K:197)
Auf nach Moroleus - die Spinnen die Römer (K:213)
Cluburlaub (1180)
Comics
Deutschlandtour (K:616)
Dschungel
Dschungelbuch
Durchs Jahr in 6 Tagen (1171)
Exkalibur und die Ritter der Tafelrunde
Für die schwarzen Ritter wird's bitter
Gespenster
Harry Potter (2562, 1999)
Has-tronaut
Hexenzauber
Hippies
Hollywood
Ich bin ein Kind - holt mich hier raus
In 14 Tagen um die Welt (3488, 156, 1231, 2915)
Indianer
Lizenz zum Zelten (3321)
Mafia (1074)
Märchen
Medien
Orient
Pippi Langstrumpf (K:415)
Piraten (3418)
Piraten/Karibik
Regenbogen - Irgendwo im nirgendwo
Reise durchs Universum
Ritter (K:311)
Robinson
Spring mit uns durch die Zeit (3349, K:538, 1232)
Star Wars

Steinzeit
Unser kleines "Horror"-Lager (3453)
Verschollen in der Wildnis
Welt-Kinder-Treffen, eine andere Kinderfreizeit (1697)
Weltraum
Weltreise (K:691)
Wikinger
Wilder Westen (K:198)
Wir bauen eine Stadt
Zeitreise - Wer hat an der Uhr gedreht?
Zeitreise (K:538, 3349, 1232)
Zirkus

Schokoladenbanane

QUICK-JUMP
457

von Cornelia Steinmann

Dauer:
ca. 3 Minuten Vorbereitung + Garzeit

Zutaten pro Portion:
1 Banane (nicht zu reif)
1 Riegel Milchschokolade

Zubereitung:
Ungeschälte Banane auf der inneren Seite einschneiden. Dabei darauf achten: Die Banane nicht durchschneiden. In den Schlitz einen Riegel Schokolade hineinstecken. Die Banane (mit Schale und ohne Alufolie) in die Glut des Lagerfeuers stellen oder auf einen Grill legen. Der Nachtisch ist fertig, wenn die Banane weich ist und die Schokolade zu schmelzen beginnt. Mit einem Kaffeelöffel aus der Schale löffeln.

Stockbrot

QUICK-JUMP
110

von Unbekannt

Zubereitung:

Zutaten für ca. 10 Stück:

Alles zusammen kneten, dabei langsam die Milch zugeben. Den Teig fingerdick ausrollen. Auf einen Stock (Ast vom Baum mit mind. 2 cm Durchmesser, Rinde abgeschält) spiralförmig winden, so dass auch die Astspitze völlig bedeckt ist. Lass dabei genügend Abstand beim Wickeln, sonst gibt es Problem mit dem Durchbacken.

1 kg Mehl
2 Päckchen Backpulver
3 TL Salz
150 g Butter
400 - 600 ml kalte Milch

Den Stock aufstützen und über der Glut oder weit über dem Feuer unter öfterem Drehen backen.

Variation:
Stockbrotteig kann auch mit Zucker oder diversen Kräutern und Gewürzen gemacht werden. Dazu passen alle möglichen Dips.

Weitere Bücher, Booklets und Materialen

für die Kinder- und Jugendarbeit gibt es unter

www.gruppenstunden-shop.de